四部要籍選刊·經部 蔣鵬翔 主編

阮刻周禮注疏 五

〔清〕阮元 校刻

浙江大學出版社

本册目録

卷二十三

卷二十四

附釋音周禮注疏卷第二十

鄭氏注　賈公彦疏

雞人掌共雞牲辨其物物謂毛色也辨之者陽祀用騂陰祀用黝○黝於糾反疏注物謂至用黝○釋曰陽祀用騂陰祀用黝者牧人文彼注云陽祀祭天於南郊及宗廟陰祀祭地北郊及社稷也鄭舉此二者其望祀各以其方色牲及四時迎氣皆隨其方色亦辨其毛物可知也大祭祀夜嘑旦以嘂百官夜夜漏未盡雞鳴時也呼旦以警起百官使夙興○嘑火吳反本又作呼嘂古弔反警音景疏注夜夜至夙興○釋曰漏未盡者謂漏未盡三刻已前仍爲夜則呼旦也漏刻之義具挈壺氏凡國之大賓客會同軍旅喪紀亦如之凡國事爲期則告之時象雞知時也告其有司主事者少牢曰宗人朝服北面曰請祭期主人曰比於子宗人曰旦明行事告時者至此旦明而告之○朝直遥反比毗志反疏注象雞至告之○釋

日引少牢曰者謂祭前之夕宗人主禮官請主人祭期主人曰比於子者謂次比其日數時節由子子則宗人也宗人即告期曰旦明行事其實祭期由宗人宗人請主人者敬主人若不敢自由然故讓之也案庭燎詩注王有雞人之官凡國事爲期則告之以時王不正其官而問夜早晚非也案齊詩東方未明序云東方未明刺無節也朝庭興居無節號令不時挈壺氏不能掌其職焉注云挈壺氏掌漏刻者彼不云雞人者案挈壺氏云凡軍事懸壺無告期之事則天子備官挈壺直掌漏刻之節雞人告期彼齊詩是諸侯兼官故挈壺氏兼告期也

凡祭祀面禳釁共其雞牲釁釁廟之屬釁廟以羊門夾室皆用雞鄭司農云面禳四面禳也釁讀爲徽○禳如羊反

疏 凡祭至雞牲○釋曰云凡祭祀面禳者祭祀謂宗廟之屬面禳謂祈禱之屬○注釁釁至爲徽○釋曰鄭云釁釁廟之屬者言之屬則釁鼓釁甲兵皆在其中釁廟以羊已下雜記文司農云面禳四面禳則侯禳禳謂禳去惡祥也云釁讀爲徽者亦謂以徽爲飾治之義也

司尊彝掌六尊六彝之位詔其酌辨其用與

其實位所陳之處酌沛之使可酌各異也用四時祭祀所用亦不同實鬱及醴齊之屬○沛子里反下同齊才計反下文注除齊語齊人並同疏司尊至其實○釋曰此經與下文爲目直云六彝六尊案下兼有罍尊不言者文略也○注位所至之屬○釋曰云位所陳之處者此下經不見陳尊之處案禮運云玄酒在室醴醆在戶齊醍在堂彼是禘祭陳四齊此下時祭陳二齊設尊亦依此也云酌沛之使可酌各異也者此下文鬱齊獻酌醴齊縮酌之等是各異也云用四時祭祀所用亦不同者即下文春祠夏禴已下所用不同是也云實鬱及醴齊之屬者醴齊之中有三酒也

春祠夏禴祼用雞彝鳥彝皆有舟其朝踐用兩獻尊其再獻用兩象尊皆有罍諸臣之所昨也秋嘗冬烝祼用斝彝黄彝皆有舟其朝獻用兩著尊其饋獻用兩壺尊皆有罍諸臣之所昨也凡四時之間祀追享朝享祼用虎

彝雖彝皆有舟其朝踐用兩大尊其再獻用祼謂以圭瓚酌鬱鬯始獻尸也后於是以璋瓚酌亞祼郊特牲曰周人尚臭灌用鬯臭鬱合鬯臭陰達於淵泉灌以圭璋用玉氣也既灌然後迎牲致陰氣也朝踐謂薦血腥酌醴始行祭事后於是薦朝事之豆籩既又酌獻其變朝踐爲朝獻者尊相因也朝獻謂尸卒食王酳之再獻者王酳尸之後后酌亞獻諸臣爲賓又次后酌盎齊備卒食三獻也於后亞獻內宗薦加豆籩其變再獻爲饋獻者亦尊相因饋獻謂薦孰時后於是薦饋食之豆籩此凡九酌王及后各四諸臣一祭之正也以今祭禮特牲少牢言之二祼爲奠而尸飲七矣王可以獻諸臣祭統曰尸飲五君洗玉爵獻卿是其差也明堂位曰灌用玉瓚大圭爵用玉琖加用璧角璧散又鬱人職曰受舉斝之卒爵而飲之則王酳尸以玉爵也王酳尸用玉爵而再獻者用璧角璧散可知也

兩山尊皆有罍諸臣之所昨也雞彝鳥彝謂刻而畫之爲雞鳳皇之形皆有舟皆有罍言春夏秋冬及追享朝享有之同昨讀爲酢字之誤也諸臣獻者酌罍以自酢不敢與王之神靈共尊鄭司農云舟尊下臺若今時承槃獻讀爲犧犧尊飾以翡翠象尊以象鳳皇或曰以

象骨飾尊明堂位曰犧象周尊也春秋傳曰犧象不出門尊以裸神罍神之所飲也詩曰缾之罄矣維罍之耻斝讀爲稼稼彝畫禾稼也黃彝黃目尊也明堂位曰夏后氏以雞彝殷以斝周以黃目爾雅曰彝卣罍器也著尊者著略尊也或曰著尊著地無足明堂位曰著殷尊也壺者以壺爲尊春秋傳曰尊以魯壺追享朝享謂禘祫也在四時之間故曰間祀蜼讀爲蛇虺之虺或讀爲公用射隼之隼大尊太古之瓦尊山尊山罍也明堂位曰泰有虞氏之尊也山罍夏后氏之尊故書踐作餞杜子春云餞當爲踐玄謂黃目以黃金爲目郊特牲曰黃目鬱氣之上尊也黃者中也目者氣之清明者也言酌於中而清明於外追享謂追祭遷廟之主以事有所請禱朝享謂朝受政於廟春秋傳曰閏月不告朔猶朝于廟蜼禺屬卬鼻而長尾山罍亦刻而畫之爲山雲之形○兩獻本或作戲注作犧同素何反注及下注汁獻同斝音稼著直略反注同朝享直遥反注朝享朝受政猶朝及下文朝用同蜼音誄又以水反兩大音泰注同盎烏浪反醆莊産反酢才洛反卣音酉又音由本亦音攸蛇虺上音虵下許偉反射隼食亦反下苟尹反禺音遇劉音隅卬魚丈反又五剛反

疏

春祠至昨也○釋曰此六者皆據宗廟之祭但春夏同陽秋冬同陰其追享朝享又是四時之間祀以類附從故可同尊

也彝與齊尊各用二者鬱鬯與齊皆配以明水三酒配以玄酒故禮記郊特牲云祭齊加明水三酒加玄酒依鄭志云一雞彝盛明水鳥彝盛鬱鬯是以各二尊罍尊不言數者禘祫與時祭追享朝享等皆同用三酒不別數可知也若然依酒正云大祭祀備五齊據大祫通鬱鬯與三酒并配尊則尊有十八禘祭四齊闕二尊則尊有十六此經時祭二齊闕六尊則尊十有二矣其祫在秋禘在夏則用當時尊重用取足而已此經彝下皆云舟尊與罍下皆不云所承之物則無物矣故禮器云天子諸侯廢禁其此之謂也○注祼謂至之形○釋曰言祼謂以圭瓚酌鬱鬯始獻尸也者宗廟之祭先作樂下神則大司樂云若樂九變人鬼可得而禮鄭注云先奏是樂而祼焉是祼有二此言圭瓚者據王而言故鄭即云后於是以璋瓚酌亞祼是也后祼之時內宰贊之故內宰職云后祼獻則贊瑤爵亦如之若然非直贊祼而已至於后之朝踐饋獻及酳用瑤爵皆贊之引郊特牲者證祼以鬱鬯又用圭璋也云既灌然後迎牲致陰氣也者祼是陰氣故郊特牲又云周人先求諸陰求諸陰灌是也此注引郊特牲后亞王祼後王乃出迎牲案內宰注云王既祼祼與此違者彼注取王事自相亞故先言王既祼出迎牲后乃後祼其實以此注爲正也王出迎牲之時祝延尸向戶外戶牖之間南面后於是薦

朝事八豆八籩王迎牲入廟卿大夫贊幣而從牲麗於碑王親殺大僕贊王牲事取血以告殺取毛以告純解而腥之爲七體薦於神坐訖王以玉爵酌醴齊以獻尸后亦以玉爵酌醴齊以獻尸此謂經朝踐用兩獻尊也禮器云郊血大饗腥則享祭宗廟無血此云薦血腥者謂肉非謂如別薦血也云后於是薦朝事之豆籩既又酌獻者先薦後獻祭禮也其實薦豆籩在王獻前今在王獻後乃言后薦豆籩者鄭欲說王事訖乃說后事故後言薦豆籩也云變朝踐言朝獻者尊相因也朝獻謂尸卒食王酳之者此朝獻於經當秋冬之祭鄭既未解春夏再獻先釋秋冬朝獻者以其朝獻是王酳尸因朝踐之尊醴齊故鄭先通解之云再獻者王酳尸之後后酌亞獻諸臣爲賓又次后酌盎齊備卒食三獻也者此言再獻即經春夏之祭云再獻用兩象尊尸食後陰厭王酳尸后與賓長爲再獻此亦在饋獻後先言再獻者后與賓酳尸因饋獻盎齊之尊故變饋獻云再獻云内宗薦加豆籩者案醢人及籩人有朝事之豆籩有饋食之豆籩有加豆籩之實故鄭於此取朝事當朝踐節饋食當饋獻節食後重加故加豆加籩當酳尸節案内宰職云贊后薦加豆籩故知内宗薦之云其變再獻爲饋獻者亦尊相因饋獻謂薦熟時者此言饋獻當經秋冬祭之節其春夏言再獻至此秋冬言饋獻據文爲

先後故云變再獻言饋獻其實先饋獻後再獻也以其饋獻在朝踐後亦在當尸未入室再獻是王酳尸後節也是以云饋獻謂薦熟時也此即禮運云再獻熟其殽鄭注云體解而爓之是也云后於是薦饋食之豆籩者此即醢人籩人饋食之豆籩者也云此凡九酌王及后各四諸臣一者九謂王及后祼各一朝踐各一饋獻各一酳尸各一是各四也諸臣酳尸一并前八爲九云祭之正也者此九獻是正獻案特牲少牢仍有衆賓長兄弟之長嗣子舉奠上利洗散爲加獻彼並非正故此云祭之正也云以今祭禮特牲少牢言之者天子諸侯祭禮亡雖檢禮記及周禮而言其文不具故取特牲少牢見在禮而言以其特牲少牢惟有酳尸後三獻天子諸侯酳尸後亦三獻與彼同故取以爲說也云二祼爲奠而尸飲七矣王可以獻諸臣者王獻諸臣無文此又約祭統而言故即引祭統曰尸飲五君洗玉爵獻卿是其差也者彼據侯伯禮宗廟七獻二祼爲奠不飲朝踐已後有尸飲五獻卿即天子與上公同九獻二祼爲奠不飲是尸飲七可以獻諸臣若然子男五獻者二祼爲奠不飲是尸飲三可以獻卿故鄭云是其差皆當降殺以兩大夫士三獻無二祼直有酳尸三獻獻祝是也云明堂位曰灌用玉瓚大圭爵用玉琖加用璧角璧散者彼賜魯侯祭周公用天子之禮故以爲證言灌用玉瓚者

謂以玉飾瓚以大圭爲柄此大圭非謂王人大圭長三尺者直是以玉爲柄謂之大圭也爵用玉琖者謂君與夫人朝踐饋獻時所用獻也加用璧角璧散者此即内宰所云瑶爵一也以瑶玉爲璧形以飾角散爵是通名故得瑶爵璧角璧散之名也又鬱人職曰受舉斝之卒爵而飲之者引之欲證王酳尸與前同用玉爵之意也云則王酳尸以玉爵也王酳尸用玉爵而再獻者用璧角璧散可知也者再獻謂后與諸臣亦以明堂位云爵用玉琖加用璧角璧散差之推次可知也云雞彝鳥彝謂刻而畫之爲雞鳳皇之形者案尚書云鳴鳥之不聞彼鳴鳥是鳳皇則此鳥亦是鳳皇故云畫雞鳳皇之形也云皆有舟皆有罍言春夏秋冬及追享朝享有之同者即文自具故知有之同也云昨讀曰酢者主人主婦賓長獻尸皆有酢報不得爲昨日之字故從酬酢之字也云諸臣之者酌罍以自酢不敢與王之神靈共尊者王酳尸因朝踐之尊醴齊尸酢王還用醴齊后酳尸用饋獻之尊盎齊尸酢后還用盎齊以王與后尊得與神靈共尊今賓長臣卑酳尸雖得與后同用盎及尸酢賓長即用罍尊三酒之中清酒以自酢是不敢與王之神靈共酒尊故也鄭司農云舟尊下臺若今時承槃者漢時酒尊下槃象周時尊下有舟故舉以爲況也云獻讀爲犧犧尊飾以翡翠者翡赤翠青爲飾象尊以鳳

皇此二者於義不安故更解以象骨飾尊此義後鄭從之其云飾以翡翠後鄭猶不從之矣引明堂位犧象周尊也者證飾尊有非周制者引春秋傳者是左氏定十年夾谷之會孔子之言引之者證犧象是祭祀之尊不合爲野享之義也云尊以祼神者司農解犧象不出門之意其實獻尸而云祼神者尸神象尸飲即是祼神若云奉觴賜灌之類非謂二灌用鬱鬯也云罍臣之所飲也者經云皆有罍諸臣之所酢故知諸臣所飲者也引詩者證罍是酒尊之義云斝讀爲稼稼彝畫禾稼也者以諸尊皆物爲飾今云斝於義無取故破從稼是也云黃彝黃目尊也者依明堂位文引明堂位者證雞彝是夏法斝彝是殷法黃彝是周法引爾雅者欲見此經有彝爲上卣是犧象之屬爲中罍爲下與爾雅同也云著尊者著略尊也者義不安云著地無足於義是也云春秋傳者昭十五年左傳云六月乙丑王太子壽卒秋八月戊寅王穆后崩十二月晉荀躒如周葬穆后籍談爲介以文伯宴尊以魯壺是其義也引之者證壺是祭祀酒尊司農云追享朝享謂禘祫也在四時之間故曰間祀者案大宗伯祫禘在四時之上當如酒正大祭祀備五齊何得在四時之下故後鄭不從也鄭司農讀蜼爲蛇虺之虺或讀爲公用射隼之隼者無所依據故後鄭皆不從也又云大尊大古之瓦尊者此即有虞氏之

大尊於義是也故皆以明堂位爲證也玄謂黃目以黃金爲目者無正文鄭以目旣爲眼目黃又爲黃金字同故爲黃金釋之也引郊特牲者解黃目之義也云追享謂追祭遷廟之主以事有所請禱者此追享知祭遷廟主者案祭法云去廟爲壇去壇爲墠壇墠有禱焉祭之無禱乃止是追祭遷廟之主故知也云朝享謂朝受政於廟者謂天子告朔於明堂因卽朝享朝享卽祭法謂之月祭故祭法云考廟王考廟皇考廟顯考廟祖考廟皆月祭之二祧享嘗乃止諸侯告朔於大廟因卽朝享祭法云諸侯考廟王考廟皇考廟皆月祭之顯考祖考享嘗乃止告朔天子用牛諸侯用羊月祭皆大牢也春秋傳者文公六年左氏傳云閏月不告朔猶朝於廟若然天子告朔於明堂則是天子受政於明堂而云受政於廟者謂告朔自是受十二月政令故名明堂爲布政之宮以告朔訖因卽朝廟亦謂之受政但與明堂受朔別也春秋者彼譏廢大行小引之者見告朔與朝廟別謂若不郊猶三望與郊亦別也云蜼禺屬卬鼻而長尾者案雞彝鳥彝相配皆爲鳥則虎彝蜼彝相配皆爲獸故爾雅在釋獸中爾雅云蜼禺屬彼注云蜼似獼猴而大黃黑色尾長數尺似獺尾末有歧鼻露向上雨卽自懸於樹以尾塞鼻或以兩指今江東人亦取養之爲物捷健云山罍亦刻而畫之爲山雲之形者罍之字

於義無所取字雖與雷別以聲同故以雲雷解之以其雷有聲無形但雷起於雲雲出於山故本而釋之以刻畫山雲之形者也異義第六罍制韓詩說金罍大器天子以玉諸侯大夫皆以金士以梓古毛詩說罍器諸臣之所酢人君以黃金飾尊大一石金飾口目蓋取象雲雷之象謹案韓說天子以玉經無明文罍者取象雲雷故從人君下及諸臣同如是經文雖有詩云我姑酌彼金罍古毛詩說云人君以黃金則其餘諸臣直有金無黃金飾也若然向來所說雞彝鳥彝等皆有所出其虎彝蜼彝當是有虞氏之尊故鄭注尚書云宗彝宗廟之中鬱尊虞氏所用故曰虞夏以上虎蜼而已也 凡

六彝六尊之酌鬱齊獻酌醴齊縮酌盎齊涚酌凡酒脩酌

故書縮爲數齊爲粢○鄭司農云獻讀爲儀儀酌有威儀多也涚酌者捝拭勺而酌也脩酌者以水洗勺而酌也齊讀皆爲齊和之齊杜子春云數當爲縮齊讀皆爲粢○玄謂禮運曰玄酒在室醴醆在戶粢醍在堂澄酒在下以五齊次之則醆酒盎齊也郊特牲曰縮酌用茅明酌也醆酒涚于清汁獻涚于醆酒猶明清與醆酒于舊澤之酒也此言轉相沛成也獻讀爲摩莎之莎○齊語聲之誤也煑鬱和相㕣以醆酒摩莎泲之出其香汁也醴齊尤濁

和以明酌泲之以茅縮去滓也盎齊差清和以清酒泲之而已其餘三齊泛從醴緹沈從盎凡酒謂三酒也脩讀如滌濯之滌滌酌以水和而泲之今齊人命浩酒曰滌明酌酌取事酒之上也澤讀曰醳明酌清酒醆酒泲之皆以舊醳之酒凡此四者祼用鬱齊朝用醴齊饋用盎齊諸臣自酢用凡酒唯大事于大廟備五齊三酒○獻酌素何反司農音儀涚舒銳反李一音雪脩酌直歷反注同數音朔下同爲齍子兮反梲飾舒銳反飾或作拭勺上酌反下同齊和胡卧反醆莊産反粢才計反記作齊音同緹音體舊澤音亦下曰醳音同摩莎素何反滓起呂反浩胡老反或古老反

疏 凡六至脩酌○釋曰云凡六彝之酌與鬱齊爲目六尊之酌與醴齊盎齊爲目下有凡酒滌酌上不言罍者亦是文不具也凡言酌者皆是泲之使可酌也○注故書至三酒○釋曰司農云獻讀爲儀已下後鄭皆不從者此經爲泲酒之法而司農皆不爲泲酒法其言無所據依故皆不從也司農云齊讀皆爲齊和之齊鄭注酒正爲度量解之則齊和義亦通也子春爲粢於義不可後鄭於酒正已破訖玄謂引禮運者欲破彼醆從此盎也彼云玄酒在室者據配鬱鬯之尊故在室若配鬱鬯當云明水而云玄酒者散文通云以五齊次之則醆酒盎齊也者於此經及酒正言之盎次醴禮運醆次醴以醆當

盎處卽一物明醆酒盎齊也盎齊云酒則酒齊亦通引郊特牲曰縮酌用茅明酌至醆酒者彼記人意以經沸酒法難解故釋此經沸酒之法也此云醴齊縮酌彼記人取此縮酌二字於彼重解之云此言縮酌者縮酌當用茅也又云明酌者醴齊濁還用事酒之清明者和醴齊然後用茅沸之使可酌故爲明酌也云醆酒涚于清者醆酒卽盎齊盎齊差清亦不言縮則不用茅涚謂新亦謂沸之也彼記人亦取此盎齊涚酌解之以盎齊欲沸之時則以清酒和而沸涚使可酌故直云涚于清也云汁獻涚于醆酒者記人亦取此經鬱齊獻酌釋之云汁獻者獻讀摩莎之莎也云涚于醆酒者以鬱鬯尊不用三酒而用五齊中盎齊差清者和鬱鬯沸之故云涚于醆酒也云猶明清與醆酒于舊醳之酒也者此記人復恐不曉古之沸酒之法故舉常時沸酒之法以曉人也云明清者明謂事酒清謂清酒醆謂盎齊也三者皆於舊醳之酒中沸之但云醳酒卽事酒也今云舊醳則醳中之舊冬釀接春而成故云舊是昔酒也云此言轉相沸成已下皆鄭重釋記人之言也云醴齊尤濁和以明酌沸之者醴齊對盎齊已下三者爲尤濁上仍有泛齊更濁於醴齊也盎齊差清和以清酒沸之而已者以不用茅故云沸之而已云其餘三齊泛從醴緹沈從盎者以沸三者無文故鄭約同此三齊以泛齊濁不

過與醴齊同緹沈清無過與盎同故略爲二等沸五齊也云凡酒謂三酒也者以上文列彝卣罍三等之尊此見沸鬱與三齊凡酒事相當故凡酒謂三酒非一故稱凡也云脩讀爲滌濯之滌者讀從宗伯視滌濯之滌欲解滌爲水之意必知以水者曲禮曰水曰清滌且鬱鬯用五齊五齊用三酒三酒用水差次然也云明酌酌取事酒之上也者重解縮酌用茅明酌也云澤讀曰醳明酌清酒醆酒沸之皆以舊醳之酒者重解當時之法以曉人者也云凡此四者祼用鬱齊朝用醴齊饋用盎齊諸臣自酢用凡酒者此以上列尊及沸酒次第爲先後祭禮有祼有朝踐饋獻酳尸次第爲先後推次可知也云唯大事於太廟備五齊三酒者此據酒正云祭祀共五齊三酒下有大祭中祭小祭此時祭用二齊禮運四齊據禘祭明大事祫祭備五齊三酒可知三酒時祭亦備。亦於大事言之者連言挾句耳文二年大事於太廟公羊傳大事者何大祫也即此大事是祫可知也

大喪存奠彝存省也謂大遣時奠者朝夕乃徹也

【疏】注存省至徹也○釋曰大喪之奠有彝尊盛鬱鬯唯謂祖廟廞明將向壙爲大遣奠時有之故鄭云謂大遣時云奠朝夕乃徹也者此大奠徹之早晚無文案檀弓云朝奠日出夕奠逮日則朝奠至夕徹之夕奠至朝乃徹是朝夕乃徹其大遣亦朝

設至夕乃徹言此者欲見所奠彝尊朝夕酒存省之意也

大旅亦如之

旅者國有大故之祭也亦存其奠彝則陳之不即徹

〔疏〕注旅者至即徹○釋曰鄭知旅是大國有故之祭者見宗伯云國有大故則旅上帝及四望故知也云亦存其奠彝者以其祭云亦如之明亦如大遣奠存省之云則陳之不即徹者云不即徹則與上注奠者朝夕乃徹義異但上經據人鬼日出逮日放其去來於陰陽此天神無此義但不即徹不必要至夕也且案小宰注天地至尊不祼此得用彝者此告請非常亦如大遣奠之而已亦非祼耳

司几筵掌五几五席之名物辨其用與其位

五几左右玉彫彤漆素五席莞藻次蒲熊用位所設之席及其處○彫徒冬反莞音官又音丸藻本又作繅音早

〔疏〕注五几至其處○釋曰云五几左右玉彫彤漆素者其玉彫已下數出於下文云左右者唯於王馮及鬼神所依皆左右玉几下云左右玉几祀先王酢席亦如之但受酢席未必有几故不云几筵其彫几已下非王所馮生人則几在左鬼神則几在右是以下文諸侯祭祀云右彫几國賓云左彤几諸侯自受酢亦無几故不言几也漆素並云俱右是爲神也云

五席莞繅次蒲熊者亦數出下文仍有葦萑席不入數者以喪中非常故不數直取五席與五几相對而言耳云用位所設之席者即下几大朝覲已下是也云及其處者王受朝覲席在廟牖閒大射席在虞庠祀先王在廟奧及堂酢席王在廟室西面自諸侯已下亦皆在廟惟熊席漆几設在野所征之地耳經云名物鄭不解之者義在可知故略之也

凡大朝覲大饗射凡封國命諸侯王位設黼依依前南鄉設莞筵紛純加繅席畫純加次席黼純左右玉几 斧謂之黼其繡白黑采以絳帛爲質依其制如屏風然於依前爲王設席左右有几優至尊也鄭司農云紛讀爲豳又讀爲和粉之粉謂白繡也純讀爲均服之均純緣也繅讀爲藻率之藻次席虎皮爲席書顧命曰成王將崩命大保芮伯畢公等被冕服憑玉几玄謂紛如綬有文而狹者繅席削蒲蒻展之編以五采若今合歡矣畫謂雲氣也次席桃枝席有次列成文○朝覲直遥反下注來朝朝者同後朝覲朝見之類放此黼音甫依於豈反下及注同鄉許亮反下及注同純章允反劉之閏反司農音均下同爲王于僞反下爲布同豳彼貧反緑悅絹

反率音律下同馮皮冰

疏

凡大至玉几。釋曰此經及下反蒻音弱編必緜反文見王有事設席三重之義言凡大朝覲非四時常朝常朝則春夏受贄於朝秋冬受贄於廟不常在廟也此朝覲言大則因會同而行朝覲之禮謂春秋來時若冬夏來則曰大宗遇也云大饗者謂王與諸侯行饗禮於廟即大行人云上公三饗之屬是也大射謂王將祭祀擇士而射於西郊小學虞庠中云凡封國命諸侯者此即典命云其出封皆加一等之屬是也云王位設黼依者案爾雅牖戶之間曰扆於扆之處設黼黼即白黑文而爲斧形此斧以大板爲邸即掌次皇邸一也故鄭彼注云邸後板以此斧板置於扆即以黼扆爲揔名也云依前南鄉設莞筵已下以席三重也凡敷席之法初在地者一重即謂之筵重在上者即謂之席已下皆然故鄭注序官云敷陳曰筵藉之曰席云。注斧謂至成文。釋曰鄭云斧謂之黼者案禮記明堂位云天子負斧扆彼及諸文多爲斧字者若據繢人職則云白與黑謂之黼據采色而言之若據繡於物上則爲金斧文近刃白近銎黑則曰斧斧取金斧斷割之義故鄭以斧釋黼云其繡白黑文者繢人職文鄭知以絳帛爲質者鄉射記云凡畫者丹質此黼畫之故知絳帛絳帛即丹質也云其制如屏風然者屏風之名出於漢世鄭以今曉古故舉屏風而爲況也孔注顧命其置竟戶牖閒竟終也戶牖閒狹故置之終滿戶牖閒也云左右有几優至尊也者此經所云王皆立不坐既立又於左右皆有几故鄭注大宰云立而設几優至尊據立而言此據左右皆有而言故注相兼乃具也司農云紛讀爲豳於義不安故更云又讀爲和粉之粉謂白繡也純讀爲均服之均者案僖五年左傳卜偃云均服振振取號之旗賈服杜君等皆爲均均同也但司農讀爲均均即準音與純同故云純緣也云繅讀爲藻率之藻者讀從桓二年臧哀伯云藻率鞞鞛鞶厲游纓此並取彼義也云次席虎皮爲席者此見下有熊席故爲虎皮後鄭不從也引尚書者證王馮玉几之義也玄謂紛如綬有文而狹者此見漢世綬是薄帔有文章而狹以爲席之緣故言之也鄭知繅席削蒲蒻展之編以五采若今合歡矣者漢有合歡席如此故還舉漢法況之也云畫謂雲氣也者鄭於經但單言畫皆以畫雲氣解之蓋五色雲爲之文也云次席桃枝席有次列成文者鄭亦見漢世以桃枝竹爲席次第行列有成其文章故言之也

祀先王昨席亦如之鄭司農云昨席於主階設席王所坐也玄謂昨讀曰酢謂祭祀及王受酢之席尸卒食王酳之卒爵祝受之又酌授尸尸酢王於是席王於戶內后諸臣致爵乃設席

疏祀先至如

之。釋曰祀先王謂宗廟六享皆用上三種席酢席謂王酳尸尸酢王王受酢之席亦如上三種席故云亦如之。注鄭司農至設席。釋曰司農云酢席於主階設席王所坐也者此約鄉飲酒禮主人在阼階賓在戶牖主人受酢王行飲酒禮亦然此酢文承祀先王下即是祭禮受尸酢不得爲凡常飲酒禮故後鄭不從也後鄭知王有授尸酢法者謂若鬱人注引特牲少牢此注亦取彼義故云尸卒食王酳之卒爵祝受之又酌授尸尸酢王於是席王於戶內也案特牲少牢主人受酢之時未設席夫婦致爵乃設席今王於受酢即設席者優至尊與大夫士禮異知席王在戶內者約特牲主人受酢時在戶內之東西面也云后諸臣致爵乃設席者此亦約特牲夫婦致爵之時有席若然王於酢有席與彼異至於后即與彼同者禮有損之而益故后不得與王同宜同士禮案特牲無致爵於賓長之法而此言諸臣致爵者此王於諸臣亦無致爵禮此致爵謂酳尸訖主人獻賓長於西階之上謂之致爵也特牲主人致爵於主婦席於東房中此后亦然其諸臣案特牲獻賓長於西階上無席獻訖以薦俎降降設於西階下亦無席此諸臣有席者亦是王之臣尊宜設席乃以爲俎降設於席東也

諸侯祭祀席蒲筵繢純加莞席紛純

右彫几繢畫文也不莞席加繅者繅柔嚅。不如莞清堅又於鬼神宜。繢胡內反嚅本或作懦又作擩同如兗反（疏）諸侯至彫几。釋曰此經論諸侯禘祫及四時祭祀之席皆二種席也。注繢畫至神宜。釋曰上文畫純者畫雲氣此云繢即非畫雲案繢人職對方爲繢是對方爲次畫於繒帛之上與席爲緣也云不莞席加繅者繅柔嚅不如莞清堅又於鬼神宜者案上文天子祭祀席與酢席同此下文諸侯受酢席下莞上繅今祭祀席下蒲上莞以是故鄭以下文決此今諸侯祭祀席不亦如下文莞席加繅者以其繅柔嚅不如莞清堅於鬼神宜即於生人不宜故下文生人繅在上爲宜也又不以繅在莞下者繅尊不宜在莞下故用蒲替之也

昨席莞筵紛純加繅席畫純筵國賓于牖前亦如之左彤几

昨讀亦曰酢鄭司農云禮記國賓老臣也爲布筵席於牖前玄謂國賓諸侯來朝孤卿大夫來聘後言几者使不蒙如也朝者彫几聘者彤几（疏）昨席至彤几。釋曰諸侯酳尸尸酢主君亦於戶內之東西面設此二席及筵國賓在牖前亦如之亦如同二種席也几席雖同但上文鬼神則右几此文生人則左几也又別云左彤几者謂國賓之中有諸侯

來朝亦有孤卿大夫來聘若朝者則彫几蒙亦如之聘者席雖與同几則用彫故别云左彫几使不蒙如也○注昨讀至形几○釋曰先鄭云禮記國賓老臣也者案禮記王制有四代養國老庶老於學之事彼國老謂卿大夫致仕庶老謂士之致仕者先鄭據此文而云國賓老臣也後鄭不從者未見朝聘之賓而言已國老臣於義不可故不從也玄謂國賓諸侯來朝孤卿大夫來聘者案大小行人及司儀賓謂諸侯客謂其臣今此經唯云賓而兼云孤卿大夫者對文賓客異通而言之賓客一也以大司徒云大賓客令野脩道委積小司徒云小賓客令野脩道委積是賓客通用之義也案公食大夫禮云司宮具几與蒲筵加萑席又云上大夫蒲筵加萑席其純皆如下大夫彼注云謂公食上大夫孤爲賓則莞筵紛純加繅席畫純聘禮將賓宰夫徹几改筵注云徹神几改神席更布也賓席東上又引公食大夫云云此筵上下大夫也又引此筵國賓下至彫几云筵孤彫几卿大夫其漆几與以此而言則筵諸侯與孤用莞筵繅席而卿大夫則用蒲筵萑席今摠云國賓孤卿大夫同莞繅者此廣解國賓之義其實如公食大夫及聘禮之注也若然此注云朝者彫几聘者彤几彤几亦謂孤也依彼聘禮注卿大夫用漆几者以其天子用玉諸侯用彫孤用彤卿大夫用漆几差次然也案禮記禮

器云天子之席五重諸侯三重今天子唯三重諸侯二重者
彼云五重者據天子大祫祭而言若禘祭當四重時祭當三
重皆用此三重席耳故此唯見三重席也諸侯三重上公當
四重亦謂大祫祭時若禘祭降一重諸侯二重禘與時祭同
卿大夫已下特牲少牢唯見一重耳若爲
賓饗則加重數非常法故不與祭祀同也 **甸役則設熊**
席右漆几 謂王甸有司祭表貉所設席○甸音田注同 疏 ○甸役至右漆几○釋曰甸役謂
天子四時田獵案大司馬大閱禮教戰訖入狩田
既陳有司表貉於陳前是時設熊席右漆几也 **凡喪事**
設葦席右素几其柏席用萑黼純諸侯則紛
純每敦一几 喪事謂凡奠也萑如葦而細者鄭司農云柏席迫地之席葦居其上或曰柏席載黍
稷之席玄謂柏椁字磨滅之餘椁席藏中神坐之席也敦讀
曰燾燾覆也棺在殯則椁燾既窆則加見皆謂覆之周禮雖
合葬及同時在殯皆異几體實不同祭於廟同几精氣合○
柏鄭音椁劉依司農音迫萑音丸敦音道劉音幬藏才浪反
燾音導 疏 注喪事至氣合○釋曰云喪事謂凡奠也者以其
言几非一之義士喪禮始死之奠乃至小斂之奠

亦設於地未有席至大斂奠乃有席殯後則有朝夕奠朔月奠大夫已上兼有月半奠并有薦新奠葬時又有遷奠祖奠大遣奠葬乃廢奠而虞祭也故鄭云謂凡奠也云萑如葦而細者詩云萑葦淠淠同類之物但麄細爲異耳先鄭以柏席爲迫地或爲載黍稷其言無所依據故後鄭不從也玄謂柏椁字磨滅之餘椁席藏中神坐之席也者謂於下帳中坐設之云敦讀曰燾燾覆也者謂若覆燾持載者也云棺在殯則椁燾者檀弓云天子菆塗龍輴以椁是也云既窆則加見者既夕下棺訖則加見見謂道上帳帷荒將入藏以覆棺言見者以其棺不復見唯見帷荒故謂之見也云皆謂覆之者此解經敦字以其二處皆當覆故云敦也云周禮雖合葬者檀弓云古者不合葬周公蓋附附謂合葬是周禮合葬也云及同時在殯者禮記曾子問云父母之喪偕鄭云同月死是同時在殯也云皆異几體實不同者解經每敦一几之義云祭於廟同几精氣合者案禮記祭統云敷筵設同几鄭云同之言詷詷謂言語相詷之詷即共詷也故破從詷則以某妃配某氏以其精氣合故也言祭於廟者謂言祭時以其禫月吉祭猶未配故知至二十八月乃設同几也

凡吉事變几凶事仍几 故書仍爲乃鄭司農云變几變更其質謂有飾也乃讀爲仍仍因也因其質謂無飾

也爾雅曰儀仍因也書顧命曰翌日乙丑成王崩癸酉牖間南鄉西序東鄉東序西鄉皆仍几玄謂吉事王祭宗廟祼於室饋食於堂繹於祊每事易几神事文示新之也凶事謂凡奠几朝夕相因喪禮略○翌音翼劉音育祊補耕反

疏注故書至禮略○釋曰先鄭云變更其質謂有飾又以仍几爲因其質謂無飾後鄭不從者以司農就几體解之所引尚書仍几乃是前後相因不得爲几體故不從也且上文云右素几於凶几無飾已有文何須此亦云仍几爲無飾乎皆其言不經故不從也引顧命者案彼經云牖間南鄉華玉仍几西序東鄉文貝仍几東序西鄉彫玉仍几西夾南鄉漆仍几孔云因生時几皆有飾而先鄭引之者先鄭意直取仍因之義不須無飾也玄謂吉事祭宗廟祼於室者洛誥云王入大室祼是也云饋食於堂繹於祊者案禮器云設祭于堂爲祊乎外是直云饋食於堂謂饋獻節據有熟故言饋食其實亦有黍稷又不言朝踐者朝踐與饋獻同在堂故略而不言也又饋獻後更延尸入室進黍稷尸食之事不言者以其還依祼於室之几故亦略而不言也云凶事謂凡奠者即上文凡喪事右素几是也此文見凡奠几相因不易之意案檀弓云虞而立尸有几筵者據大夫士而言案士喪禮大斂即有席而云虞始有筵者以其几筵相將連言其實虞時始有几其

筵大斂即有也天子諸侯禮大初死几筵並有故上云凡喪事設葦席右素几也凡几之長短阮諶云几長五尺高三尺廣二尺馬融以爲長三尺舊圖以爲几兩端赤中央黑也

天府掌祖廟之守藏與其禁令（祖廟始祖后稷之廟其寶物世傳守之若魯寶玉大弓者○守藏上手又反下才浪反傳直專反）〈疏〉天府至禁令○釋曰所守藏者即下文玉鎮已下是也禁令謂禁守不得使人妄入之等也○注祖廟至弓者○釋曰案王制云天子七廟三昭三穆與大祖之廟而七大祖即始祖廟也周立后稷廟爲始祖以其最尊故寶物藏焉云其寶物世傳守之若魯寶玉大弓者案春秋定八年盜竊寶玉大弓公羊傳云寶者何璋判白弓繡質是世傳守者也

凡國之玉鎮大寶器藏焉若有大祭大喪則出而陳之既事藏之（玉鎮大寶器玉瑞玉器之美者禘祫及大喪陳之以華國也故書鎮作瑱鄭司農云瑱讀爲鎮書顧命曰翌日乙丑王崩丁卯命作冊度越七日癸酉陳寶赤刀大訓弘璧琬琰在西序大玉夷玉天球河圖在東序胤之舞衣大貝鼖

鼓在西房兊之戈和之弓垂之竹矢在東房此其行事見於經○鎮珍忍反又音珍瑱他見反琬於阮反琰以冉反球音求薎扶云反兊徒外反垂如字劉音瑞見賢遍反

〈疏〉凡國至藏之○釋曰云玉鎮大寶器藏焉者若典瑞掌其凡瑞器故典瑞云掌玉瑞玉器之藏辨其名物與其用事設其服飾其美者天府掌之○注玉鎮至於經○釋曰鄭知玉鎮大寶器是玉瑞玉器之美者此云玉鎮即大宗伯云以玉作六瑞鎮圭之屬即此寶鎮也彼又云以玉作六器蒼璧禮天之屬即此寶器也知是美者以別入此天府故知簡取美者來入也鄭知禘祫者經云大祭祀故知也先鄭云顧命曰昱日乙丑王崩者謂上文云甲子王被冕服憑玉几出顧命下云昱日乙丑是甲子明日也云丁卯命作冊度者謂乙丑至丁卯是三日小斂之日也大保命史官作冊書法度擬傳顧命之事云越七日癸酉者越於也於丁卯後七日則通死日乙丑爲九日是除死日七日大斂之明日揔九日也云陳寶赤刀大訓弘璧琬琰在西序者陳寶是揔目語即赤刀已下是也赤刀者鄭注云武王誅紂赤刀爲飾大訓者禮法先王禮教即虞書典謨是也弘璧弘大也大璧琬琰皆尺二寸者云大玉夷玉天球河圖者鄭云大玉華山之球夷玉東北之璞天球雍州所貢之玉色如天三者皆璞未見琢治故不

以器名之河圖圖出於河水帝王聖者所受云胤之舞衣大貝鼖鼓兑之戈和之弓垂之竹矢者鄭注云胤也和也垂也皆古人造此物者之名鼖鼓大鼓也此鼖非謂考工記鼖鼓長八尺者若是周物何須獨寶守明前代之物與周鼖鼓同名耳大貝者書傳曰散宜生之江淮之浦取大貝如車渠是也云此其行事見於經者此經云大喪出而陳之不見行事故引顧命爲行事見於經也此經有大祭祀出寶器無行事見於經故不引也

凡官府鄉州及都鄙之治中受而藏之以詔王察羣吏之治察察其當黜陟者鄭司農云治中謂其治職簿書之要○治直吏反下及注同中丁仲反下注同

疏凡官至之治○釋曰此自王國以至四疆皆有職司治事文書不言六遂及四等公邑之官者於文略其實皆有也都鄙則三等采地云詔王察羣吏之治者告王據此治中文書而行黜陟也○注察察至之要○釋曰云治職簿書之要者謂各有職掌皆司有文書案簿書功狀之要故據而告王也經雖言治中兼有不中在其間中者陟之不中黜之經直言中偏舉一邊而言也

上春釁寶鎮及寶器上春孟春也釁謂殺牲以血血之鄭司農云釁讀爲

徵或曰釁鼓之釁（疏）注上春至之釁○釋曰云上春孟春也者謂建寅之月也殺牲取血釁之若月令上春釁龜筴等也云釁讀爲徵者周禮先鄭皆讀釁爲徵徵取飾義云或曰釁鼓之釁者讀從定四年祝佗云君以軍行祓社釁鼓釁皆以血血之也**凡吉凶之事祖廟之中沃盥執燭**吉事四時祭也凶事后王喪朝于祖廟之奠○盥音管朝直遥反（疏）注吉事至之奠○釋曰謂他官在祖廟中沃盥夙興時則天府之官與之執燭爲明他官在祖廟中沃盥者謂小祝云大祭祀沃尸盥小臣大祭祀沃王盥此二官所沃盥在祖廟中則天府爲之執燭其若士師云祀五帝沃尸盥非祖廟事則不與執燭也云吉事謂四時祭也者略言之禘祫亦在焉云凶事王后喪朝于祖廟之奠者王及后喪七月而葬將葬當朝六廟後乃朝祖廟祖廟中日側爲祖奠厥明將去爲大遣奠皆有沃盥之事故鄭云焉**季冬陳玉以貞來歲之媺惡**問事之正曰貞問歲之美惡謂問於龜大卜職大貞之屬陳玉陳禮神之玉凡卜筮實問於鬼神龜筮能出其卦兆之占耳龜有天地四方則玉有六器者與言陳者既事藏之不必貍之也鄭司農云貞問也易曰師貞丈人吉問於丈人國語

曰貞於陽卜【疏】季冬至微惡○釋曰季冬謂夏之季冬歲
○與音餘終當除舊布新故此時當有卜筮來歲之
美惡者將卜筮之時先陳玉以禮神然後卜筮也○注問事
至陽卜○釋曰云問事之正曰貞者禮記少儀云問卜筮曰
義與志與注云義正事也志私意也是問卜筮有不正之事
故云問事之正曰貞即此經云貞者問事之正也云問歲之
美惡謂問於龜大卜職大貞之屬者彼大貞之屬即卜立君
卜大遷卜大封是也今此卜來歲之美惡亦彼類故云之屬
兼此也云陳玉陳禮神之玉者玉於卜筮無所施明以禮神
也云凡卜筮實問於鬼神龜筮能出其卦兆之占耳者案易
繫辭云精氣爲物游魂爲變是故知鬼神之情狀與天地相
似注云精氣謂七八游魂謂九六則筮之神自有七八九六
成數之鬼神春秋左氏傳云龜象筮數則龜自有一二三四
五生數之鬼神則知吉凶者自是生成鬼神龜筮直能出外
兆之占耳案易繫蓍龜神物士冠禮注云筮不以廟堂者嫌
蓍之靈由廟神若然蓍龜亦自有神而云出卦兆者但所禮
者禮生成之鬼神神之尊者無妨蓍龜亦自有神也云龜有
天地四方則玉有六器者與者龜有天地四方龜人職文龜
既有六明玉亦有六無正文故云與以疑之六器之言若大
宗伯云以玉作六器之類故以六器言之也云言陳者既事

藏之不必貍之也者七八九六及一二三四五之鬼神並非天地之鬼神故云陳言陳則藏之不必貍也先鄭云貞問也者亦是問事之正曰貞也云易曰師貞丈人吉問於丈人者此師卦彖辭彼云師貞丈人吉無咎注云丈之言長能御衆衆○有郭正人之德以法度爲人之長吉而無咎謂天子諸侯主軍者云國語曰貞於陽卜者此吳語黄池之會董褐云周室既卑諸侯失禮於天子請貞於陽卜收文武之諸侯注云貞正也問卜内曰陰外曰陽言吳以諸侯失禮於天子當問於龜言我當收文武之諸侯矣引此二文者證問事之正曰貞也

若遷寶則奉之 奉猶送也 疏 若遷寶則奉之○釋曰此遷寶謂王者遷都若平王東遷則寶亦遷天府奉送之於彼新廟之天府藏之如故也

若祭天之司民司祿而獻民數穀數則受而藏之 司民軒轅角也司祿文昌第六星或曰下能也祿之言穀也年穀登乃後制祿祭此二星者以孟冬既祭之而上民穀之數於天府○數穀數上所主反下所具反下能他來反上時掌反 疏 若祭至藏之○釋曰此主祭祀者祭天之司民司祿在孟冬之時則主民之吏獻民數穀數則小司寇受而獻之於王王得之登於

天府受而藏之○注司民至天府○釋曰云司民軒轅角也者案武陵大守星傳云軒轅十七星如龍形有兩角角有大民小民傳又云文昌宮有六星第一爲上將第二爲次將第三爲貴相第四爲司命第五爲司中第六爲司祿是其司民在軒轅角司祿在文昌第六星也或曰下能也者此案石氏星傳云上能司命爲大尉中能司中爲司徒下能司祿爲司寇是司祿在下能也以其二處並有司祿故舉二文以見義也云祿之言穀也年穀登乃後制祿言此者欲見祭司祿在孟冬則制祿之意也鄭知祭此二星在孟冬者見月令孟冬云祈來年於天宗即日月星是知祭在孟冬也其獻穀數者則小司寇職也

典瑞掌玉瑞玉器之藏辨其名物與其用事設其服飾人執以見曰瑞禮神曰器瑞符信也服飾服玉之飾謂繅藉○藏才浪反見賢遍反下見於時見殷見同藉在夜反下同

疏 典瑞至服飾○釋曰言掌玉瑞玉器之藏者玉之美者入天府藏之凡平者仍在典瑞藏之故亦言藏也人執之則曰瑞即下文鎮圭之等是也禮神曰器則下文四圭之等是也云辨其名物者圭璧

之等各有名并物色有異云與其用事者爲事而用圭璧謂朝聘朝日祭祀之等皆是也云設其服飾者謂繅藉在玉若人之衣服之飾也○注人執至繅藉○釋曰人執以見曰瑞禮神曰器者據此文及大宗伯相對而說散文則人執亦名器故聘禮記云圭璋璧琮凡此四器者唯其所寶以聘可也又尚書云五器卒乃復皆是人執而名器也云瑞符信也者若天子受瑞於天諸侯不得受瑞於天唯受瑞於天子故名瑞瑞即符信者也云繅藉即下文繅五采五就之等也

王晉大圭執鎮圭繅藉五采五就以朝日 繅有五采文所以薦玉木爲中榦用韋衣而畫之就成也王朝日者示有所尊訓民事君也天子常春分朝日秋分夕月覲禮曰拜日於東門之外故書鎮作瑱鄭司農云晉讀爲搢紳之搢謂插於紳帶之間若帶劒也瑱讀爲鎮玉人職曰大圭長三尺杼上終葵首天子服之鎮圭尺有二寸天子守之繅讀爲藻率之藻五就五帀也一帀爲一就○以朝直遥反注及後放此韋衣於既反搢紳如字下同一音箭插初洽反或初輒反杼除汝反

疏 王晉至朝日○釋曰搢插也謂插大圭長三尺玉笏於帶間手執鎮圭尺二寸繅藉五采五就者謂以五采就繅藉玉也以朝日者謂以春分朝日於東郊也○注

繅有至一就○釋曰云繅有五采文者釋繅字以其繅者雜采之名故云云繅有五采文所以薦玉也云木爲中榦用韋衣而畫之就成也者鎮圭尺二寸廣三寸則此木版亦長尺二寸廣三寸與玉同然後用韋衣之乃於韋上畫之一采爲一币五采則五币一币爲一就就成也是采色成者也案聘禮記云絢組尺彼組不問尊卑皆用五采長尺以爲繫所以束玉使不落絢組繫亦名繅藉者則曲禮云其有藉者則裼聘禮云上介屈繅以授賓是亦名繅藉者也云王朝日者示有所尊訓民事君也者王者父天母地兄日姊月故春分朝日秋分夕月以王者至尊猶朝日夕月況民得不事君乎是訓民事君也云天子常春分朝日秋分夕月知者案祭義云祭日於東祭月於西又玉藻云玄端而朝日於東門之外又覲禮春拜日於東門之外既春拜日於東明秋夕月於西故知春分朝日秋分夕月也司農云晉讀爲搢紳之搢者漢有搢紳之士亦謂搢笏於紳故讀從之云謂插之於紳帶之間者凡帶有二者大帶大夫已上用素士用練即紳也又有革帶所以珮玉之等今插笏者插於紳之外革之內故云紳帶之間也云若帶劒也者劒在紳帶之間同處也云玉人職曰大圭長三尺杼上終葵首天子服之者案彼注云杼殺也終葵首謂大圭之上近首殺去之留首不去處爲椎頭齊人名椎

爲終葵故名圭首爲椎頭者爲終葵首也案玉藻云天子搢珽方正於天下即此大圭也云鎮圭尺有二。天子守之者亦玉人文引之證經大圭與鎮圭之義也云繅讀爲藻率之藻者桓二年臧哀伯諫辭也藻是水草之文故讀從之也云五就五帀也一帀爲一就者下文有三采者亦一采爲一就下云二采一就者據臣行聘不得與君同是以二采采爲一行二采共爲一就凡言就者或兩行名爲一就即此上下文是也或一帀二行爲二就就即等也故聘禮記云所以朝天子圭與繅皆九寸又云繅三采六等朱白蒼注云以三色再就謂三色色爲再就就亦等也三色即六等禮記雜記亦云三采六等注云三采六等以朱白蒼畫之再行行爲一等是等爲一行行亦爲就據單行言之也各有所據故其文有異也

公執桓圭侯執信圭伯執躬圭繅皆三采三就子執穀璧男執蒲璧繅皆二采再就以朝覲宗遇會同于王三采朱白蒼二采朱綠也鄭司農云以圭璧見于王覲禮曰侯氏入門右坐奠圭再拜稽首侯氏見于天子春曰朝夏曰宗秋曰覲冬曰遇時見曰會殷見曰同。信圭音身〔疏〕三注

采至曰同。釋曰鄭知三采朱白蒼二采朱綠也者聘禮記文司農引覲禮曰侯氏入門右坐奠圭再拜稽首者彼謂秋覲禮受贄受享皆在文王廟中侯氏入門右者諸侯不敢自同賓客故入門右行臣禮儐擯辭之乃更向門左升自西階授玉云春曰朝已下皆大宗伯文義具於彼也

諸侯相見亦如之鄭司農云亦執圭璧以相見故邾隱公朝於魯春秋傳曰邾子執玉高其容仰〈疏〉注鄭司至容仰。釋曰先鄭云亦執圭璧以相見者亦如上文公執桓圭以下案大行人云諸侯之邦交歲相問殷相聘世相朝即司儀所云凡諸公相爲賓侯伯子男之相爲賓如公之儀又諸公之臣相爲國客伯子男之臣云亦如之若不敵則有小國朝大國大國聘小國皆是諸侯相朝之法故邾隱公朝於魯引春秋傳者左氏傳云邾子執玉高其容仰魯侯執玉卑其容俯高仰驕也卑俯替也此二君不獲朝容之正引之以證諸侯相朝有執玉之法也

瑑圭璋璧琮繅皆二采一就以覜聘璋以聘后夫人以琮享之也大夫衆來曰覜寡來曰聘鄭司農云瑑有圻鄂瑑起。瑑直轉反覜他弔反圻魚斤反鄂魚各反〈疏〉瑑圭至覜聘。釋曰此遣臣行聘問之所執者若本君親自朝所執上文

桓圭之等是若遣臣聘不得執君之圭璧無桓信躬與蒲璧之文直瑑之而已故云瑑圭璋璧琮此謂公侯伯之臣也若子男之臣豈得過本君用以圭璋乎明子男之臣亦用瑑璧琮也云皆二采一就以覜聘者謂朱緑二采共爲一就也○注璋以至瑑起○釋曰云璋以聘后夫人以琮享之也者鄭欲見此經遣臣聘法有聘天子并有自相聘二者俱見故云璋以聘后夫人而琮享之也明知圭以聘天子與諸侯而璧享之鄭不言圭璧於天子諸侯者以聘后夫人文隱故特舉以言之天子諸侯可知也云大夫衆來曰覜寡來曰聘者此亦據大宗伯云殷覜曰視謂一服朝之歲即此覜也故云衆來彼又云時聘曰問亦無常期即此聘也故云寡來曰聘也司農云瑑有圻鄂瑑起是不爲桓信躬等之文也

四圭有邸以祀天旅上帝 鄭司農云於中央爲璧圭著其四面一玉俱成爾雅曰邸本也圭本著於璧故四圭有邸圭末四出故也或説四圭有邸有四角也邸讀爲抵欺之抵上帝玄天玄謂祀天夏正郊天也上帝五帝所郊亦猶五帝殊言天者尊異之也大宗伯職曰國有大故則旅上帝及四望○邸丁禮反又音帝著直略反 疏 四圭至上帝○釋曰此祀天謂夏正郊天也旅上帝者上帝五帝也國有故而祭故稱旅也○注鄭司農

至四望○釋曰司農云於中央爲璧圭著其四面一玉俱成者云於中央爲璧謂用一大圭琢出中央爲璧形亦肉倍好爲之四面琢各出一圭璧之大小圭之長短無文天子以十二爲節蓋四廟圭各尺二寸與鎭圭同其璧爲邸蓋徑六寸摠三尺與大圭長三尺又等故云一玉俱成也云或說四圭有邸有四角也者此說四角角即桓矣以無正文故兩釋之也云邸讀爲抵欺之抵音讀之也云上帝玄天者與大宗伯注同司農意與孔王等無六天之義也玄謂祀天夏正郊天也者凡天有六案大宗伯云蒼璧禮天據冬至祭昊天於圜丘者也彼又云靑圭禮東方赤璋禮南方白琥禮西方玄璜禮北方據四時迎氣及摠享於明堂之等祭五方天也彼惟不見夏正郊所感帝故知此四圭是夏正郊天易緯云三王之郊一用夏正各郊所感帝即郊特牲云兆日於南郊就陽位於郊故謂之郊是也云上帝五帝者案宗伯靑圭之等已見祭五方天帝此又言者彼據常祭此據國有故而祭曰旅用玉與郊天同四圭有邸故言之也天所郊亦猶五帝殊言天者尊異之也者王者各郊所感帝若周之靈威仰之等即是五帝而殊言天是尊異之以其祖感之而生故也引大宗伯者證旅上帝是國有故而祭也但旅四望下文與地同用兩圭今此言之者連引之耳

兩圭有邸

以祀地旅四望兩圭者以象地數二也僢而同邸祀地
謂所祀於北郊神州之神○僢昌絹反
邸音帝〔疏〕注兩圭至之神○釋曰云僢而同邸者案王制注
臥則僢彼僢謂兩足相向此兩圭亦兩足同邸是
足相向之義故以僢言之則上四圭同邸者亦是各自兩足
相向但就此兩足相向而言之也云地謂所祀於北郊神州
之神者以其宗伯所云黃琮禮地謂夏至祭崑崙大地明此
兩圭與上四圭郊天相對是神州之神案河圖括地象崑崙
東南萬五千里神州是也但三王之郊一用夏正未知神州
用何月祭之或解郊用三陽之月神州既與郊相對宜用三
陰之月當七月祭之**祼圭有瓚以肆先王以祼賓客**鄭司農云
於圭頭爲器可以挹鬯祼祭謂之瓚故詩曰卹彼玉瓚黃流
在中國語謂之鬯圭以肆先王祼先王祭也玄謂肆解牲體
以祭因以爲名爵行曰祼漢禮瓚槃大五升口徑八寸下有
槃口徑一尺○肆如字又他歷反注同挹於十反又於集反
卹音瑟又作恤〔疏〕祼圭至賓客○釋曰祼圭即玉人所云祼圭尺
有二寸者也以肆先王謂祭先王則宗伯六享
皆是也以祼賓客者則大行人云上公再祼侯伯一祼之等
是也○注鄭司至一尺○釋曰先鄭云於圭頭爲器器即瓚

是也云可以挹鬯祼祭謂之瓚者鬯即鬱鬯也言祼言祭則祼據賓客祭據宗廟也詩曰邺彼玉瓚黃流在中者彼詩是美王季爲西伯受殷王圭瓚之賜言黃流在中即與玉人云黃金勺鼻等同也云國語謂之鬯圭者案國語云臧文仲以鬯圭與磬如齊告糴是也云以肆先王灌先王祭也先鄭不解肆字故後鄭釋之玄謂肆解牲體以祭因以爲名者案大司徒云祀五帝奉牛牲羞其肆是祭時肆解牲體因即以肆爲祭名也云爵行曰祼者此周禮祼皆據祭而言至於生人飲酒亦曰祼故投壺禮云奉觴賜灌是生人飲酒爵行亦曰灌也云漢禮瓚槃大五升口徑八寸下有槃口徑一尺者此據禮器制度文叔孫通所作案玉人職云大璋中璋邊璋下云黃金勺青金外朱中鼻寸衡四寸鄭注云三璋之勺形如圭瓚玉人不見圭瓚之形而云形如圭瓚者鄭欲因三璋勺見出圭瓚之形但三璋勺雖形如圭瓚圭瓚之形即此漢禮文其形則大三璋之勺徑四寸所容蓋似小也

圭璧以祀日月星辰

圭其邸爲璧取殺於上帝○殺色界反劉色例反下同

疏 圭璧至星辰○釋曰祭日月謂若春分朝日秋分夕月并大報天主日配以月其星辰所祭謂小宗伯四類亦如之注云禮風師雨師於郊之屬又月令云祈來年於天宗鄭云天宗日月星

亦是也其祭法埋少牢已下祭日月星辰謂禱祈而祭亦用此圭璧以禮神也○注圭其至上帝○釋曰云圭其邸爲璧者上文四圭兩圭及下璋邸皆言邸鄭皆以邸爲璧但此圭云璧不言邸故鄭還以邸解璧也云取殺於上帝者但郊天及神州之神雖相對但天尊地卑故四玉有異鄭直云象不言殺也今日月星天神故以殺言之也言殺者取降殺以二爲節也

璋邸射以祀山川以造贈賓客璋有邸而射取殺於四望鄭司農云射剡也○射食亦反〔疏〕璋邸至賓客○釋曰此祀山川謂若宗伯云兆山川丘陵各於其方亦隨四時而祭則用此璋邸以禮神玉人云璋邸射素功以祀山川以致稍餼注云邸射剡而出也致稍餼造賓客納稟食也先鄭云素功無瑑飾也以此而言則造贈賓客謂致稍餼之時造館贈之言贈則使還之時所贈賄之等亦執以致命耳

土圭以致四時日月封國則以土地以致四時日月者度其景至不至以知其行得失也冬夏以致日春秋以致月土地猶度地也封諸侯以土圭度日景觀分寸長短以制其域所封也鄭司農說以玉人職曰土圭尺有五寸以致日以土地以求地中故謂之土圭○度待洛反下度地度日同中如

字劉丁仲反　疏注以致至土圭○釋曰鄭云以致四時日月者度其景至不至以知其行得失也又引馮相氏云冬夏致日春秋致月者依通卦驗冬至立八尺之表晝漏半度之表北得丈三尺景又依大司徒云日至之景尺有五寸謂之地中是其景至也若不依此或長或短則爲不至也云以知其行得失也者景之至否皆由人君之行所致若景不依道度爲不至是人君之行失若景依道度爲至是人君之行得故云知行得失若春秋致月之法亦於春分秋分於十五日而望夜漏半而度之但景之長短自依二分爲長短不得與冬夏日景同景之至否亦知行之得失也云以土圭度日景觀分寸長短以制其域所封也者日景一寸其地千里則一分百里今封諸侯無過五百里已下比可言分而言寸者語勢連言之其實不合有寸也先鄭○玉人職而云以求地中故謂之土圭者所用惟置洛邑而求地中自餘或致四時之景或封諸侯所用不必要求地中而先鄭言求地中者據大司徒而言耳

珍圭以徵守以恤凶荒　杜子春云珍當爲鎮書亦或爲鎮以徵守者以徵召守國諸侯若今時徵郡守以竹使符也鎮者國之鎮諸侯亦一國之鎮故以鎮圭徵之也凶荒則民有遠志不安其土故以鎮圭鎮安之玄謂珍圭王使之瑞節制大小

當與琬琰相依王使人徵諸侯憂凶荒之國則授之執以往致王命焉如今時使者持節矣恤者闓府庫振救之凡瑞節歸又執以反命○守劉守又反注徵守同使之所吏反下今使者亦王使於使者皆同闓音開疏至反命○注杜子釋曰子春云鎮者國之鎮者若職方每州皆云其山鎮是國之鎮據山而言玄謂珍圭王使之瑞節謂若掌節云山國土國有人節虎節是諸侯使人之瑞節此珍圭是王使之瑞節也云制大小當與琬琰相依者案玉人琬圭九寸此珍圭玉人不言故約與琬琰同鄭云如今時使者持節矣者即子春所云竹使符也云恤者闓府庫振救之者凶荒年穀不熟百姓困乏故知開府庫振救之府庫所以藏財貨故禮記大學云未有府庫財非其財者也若然開府庫出賞明亦開倉廩出米粟出給之也云凡瑞節歸又執以反命者此無正文要王使人執瑞節往反須反命於王明此已致命乃歸還典瑞也

牙璋以起軍旅以治兵守鄭司農云牙璋瑑以爲牙牙齒兵象故以牙璋發兵若今時以銅虎符發兵玄謂牙璋亦王使之瑞節兵守用兵所守若齊人戍遂諸侯戍周疏注鄭司農至戍周○釋曰先鄭云牙璋瑑以爲牙牙齒兵象故以牙璋發兵者此無正文以意言之以其言牙即以牙齒解之云若

今時以銅虎符發兵者案漢文帝本紀云二年九月初與郡國守爲銅虎符竹使符應邵曰銅虎符從第一至第五國家當發兵遣使者至郡國合符符合乃聽受之竹使符皆以竹箭五枚長五寸鐫刻篆書第一至第五張晏曰以代古圭璋從簡易便其事也然銅虎竹使符漢時皇帝使者之瑞節則司農之意鎮圭牙璋之等亦王使之瑞節也但先鄭不言之故後鄭皆云王使之瑞節增成之也云節者即掌節云守邦國者用玉節則王用玉節可知玉人云璋邸射素功以祀山川以致稍餼與此中所用同明此牙璋亦素功若然案玉人云牙璋中璋七寸射二寸厚寸以起軍旅以治兵守此不云中璋者中璋比於牙璋殺文飾揔而言之亦得名爲牙璋以其鉏牙同也以此而言此文云牙璋亦兼中璋矣若然大軍旅用牙璋小軍旅用中璋矣云若齊人戍遂者莊公十三年春齊侯會諸侯于北杏夏六月齊人滅遂傳曰遂人不至夏齊人滅遂而戍之也云諸侯戍周者昭二十七年十二月晉籍秦致諸侯之戍于周是其事也

璧羨以起度鄭司農云羨長也此璧徑長尺以起度量玉人職曰璧羨度尺以爲度玄謂羨不圜之貌蓋廣徑八寸袤一尺○袤音茂

疏注鄭司至一尺○釋曰先鄭云羨長也此璧徑長尺其義是也但語不足故後鄭增成其義也玄謂

羨不圜之貌蓋廣徑八寸袤一尺者案爾雅肉倍好謂之璧則璧體圜矣今云璧羨羨是引聲而言是爲長意故先鄭後鄭皆爲不圜也云蓋者此璧本徑九寸今言羨則減傍一寸以益上下故玉人云以爲上下一尺則横徑八寸矣無正文故云蓋以疑之也

駔圭璋璧琮琥璜之渠眉疏璧琮以斂尸

鄭司農云駔外有捷盧也駔讀爲駔疾之駔疏讀爲沙謂圭璋璧琮琥璜皆爲開渠爲眉瑑沙除以斂尸令汁得流去也玄謂以斂尸者於大斂焉加之也駔讀爲組與組馬同聲之誤也渠眉玉飾之溝瑑也以組穿聯六玉溝瑑之中以斂尸圭在左璋在首琥在右璜在足璧在背琮在腹蓋取象方明神之也疏璧琮者通於天地。駔音祖斂力驗反注同令汁力呈反下令爲同

〈疏〉注鄭司農至天地。釋曰先鄭讀駔爲駔牙之駔故云外有捷盧捷盧若鋸牙然後鄭不從之也云駔讀爲駔疾之駔此蓋當時有駔疾之語故言焉云疏讀爲沙巳下後鄭皆不從者以其王之裦斂百五十稱有餘何得更有使汁流去乎玄謂以斂尸者於大斂焉加之也者以其六玉所與王爲飾明在衣裳之外故知在大斂後也駔讀爲組與組馬同聲之誤也者詩有執轡如組聲之誤爲駔若然後鄭讀駔本與組同聲不爲駔牙

之音故得爲聲誤若本爲駔牙之音與組聲異何得爲駔也云渠眉玉飾之溝瑑也者此六玉兩頭皆有孔又於兩孔之間爲溝渠於溝之兩畔稍高爲眉瑑故云以組穿聯六玉溝瑑之中以斂尸也云圭在左已下皆約大宗伯云青圭禮東方之等以尸南首而置此六玉焉云蓋取象方明神之也者案覲禮設方明上圭下璧無璧琮此云象者彼注上下之神非天地至貴謂日月之神故上下不用璧琮此中有璧琮者象天地若然此言象方明者直取置六玉於六處不取玉形之義又案宗伯璧禮天琮禮地今此璧在背在下琮在腹在上不類者以背爲陽腹爲陰隨尸腹背而置之故上琮下璧也云疏璧琮者通於天地者天地爲陰陽之主人之腹背象之故云疏之通天地也

穀圭以和難穀圭亦王使之瑞節穀善也其飾若粟文然難仇讎和之者若春秋宣公及齊侯平莒及郯晉侯使

以聘女瑕嘉平戎于王其聘女則以納徵焉○難乃旦反注同鄭音談瑕音遐本又作瑕亦作假皆同

【疏】注穀圭至徵焉○釋曰難謂兩諸侯相與爲怨仇王使人和之則執以往也穀善也故執善圭和之使善也聘女亦是和和好之事故亦用善圭也知飾若粟文者以其稱穀若穀粟然也云難仇讎者仇爲怨讎爲報有怨當報若調人和仇讎之類也云若春秋宣

公及齊侯平莒及鄭者時莒與鄭不和宣公四年左氏云公及齊侯平莒及鄭是也云晉侯使瑕嘉者成公元年左氏傳云晉侯使瑕嘉平戎於王是也其聘女則以納徵焉昏禮有六五禮用鴈納徵不用鴈以其有束帛可執媒氏職庶民用緇帛五兩士昏禮用三玄二纁天子加穀圭諸侯加以大璋大夫與士同故知納徵也昏禮言納徵徵成也納此則昏禮成春秋謂之納幣以春秋通異代指幣體以質之言也

琬圭以治德以結好

琬圭亦王使之瑞節諸侯有德王命賜之及諸侯使大夫來聘既而為壇會之使大夫執以命事焉大行人職曰時聘以結諸侯之好鄭司農云琬圭無鋒芒故治德以結好。好呼報反注同

〔疏〕注琬圭至結好。釋曰云亦王使之瑞節云及諸侯亦上文也云諸侯有德王命賜之者解經治德也云及諸侯使大夫來聘既而為壇會之使大夫執以命事焉者解經結好也此即大宗伯時聘無常期一也故引大行人時聘以結諸侯之好以證之若時見曰會諸侯來與之會時聘使大夫來王還使大夫往會焉先鄭云琬圭無鋒芒者也無鋒芒者對下文琰圭有鋒芒者也

琰圭以易行以除慝

琰圭亦王使之瑞節鄭司農云琰圭有鋒芒傷害征伐誅討之象故以易行除慝易惡行令為善者以此圭責

讓喻告之也玄謂除慝亦於諸侯使大夫來覜既而使大夫執而命事於壇大行人職曰殷覜以除邦國之慝○易行下孟反注同慝吐得反〔疏〕注珍圭至之慝○釋曰玄謂除慝亦於諸侯使大夫來覜既而使大夫執而命事於壇者此即大宗伯云殷覜曰視謂一服朝之職也故引大行人云殷覜以除邦國之慝爲證也但上文治德與此經易行據諸侯自有善行惡行王使人就本國治易之結好與除惡皆諸侯使大夫來聘亦王使大夫爲壇命之爲異也鄭知使大夫來皆爲爲壇者約君來時會殷國爲壇明臣來爲壇可知也

大祭祀大旅凡賓客之事共其玉器而奉之

玉器謂四圭裸圭之屬〔疏〕大祭至奉之○釋曰大祭祀兼有天地宗廟大旅中兼有上帝四望等故鄭云四圭裸圭凡賓客謂再裸一裸之等亦云奉之者送向所行禮之處也○注玉器至之屬○釋曰鄭知玉器謂四圭裸圭者上已釋禮神曰器經云玉器故知非瑞是禮神者也云之屬者兼有兩圭璧圭璋邸之等也

大喪共飯玉含玉贈玉

飯玉碎玉以雜米也含玉柱左右顩及在口中者雜記曰含者執璧將命則是璧形而小耳贈玉蓋璧也贈有束帛六幣璧以帛○飯扶晚反注同含戶

暗反杜張注反顛如字儀禮作䫇音同〔疏〕大喪至贈玉○釋曰大喪謂王喪兼有后世子在其中以其更不見共后世子之故也飯玉者天子飯以黍諸侯飯用粱大夫飯用稷天子之士飯用粱諸侯之士飯用稻其飯用玉亦與米同時此即禮記檀弓云飯用米貝不以食道鄭云食道褻米貝美是也含玉者則有數有形雜記云天子飯九貝諸侯七大夫五士三貝者鄭云夏時禮以其同用貝故也周天子諸侯皆用玉亦與飯俱時行之贈玉者案既夕禮葬時棺入坎贈用玄纁束帛即天子加以玉是贈先王之物也○注飯玉至以帛○釋曰鄭知飯玉碎玉以雜米者以其與米同內於口中故知碎之與米同知含玉柱左右䫇及在口中者案士喪禮云主人飯米置尸三加貝左中亦如之既言左右及中明知柱左右䫇及口中鄭彼注象生時齒堅以此而言士喪禮用三復以雜記差之則天子用九玉諸侯用七玉大夫用五玉若然大夫已上不徒柱左右與中央耳云雜記曰含者執璧將命則是璧形而小耳者彼是諸侯薨鄰國遣大夫來弔并行含襚賵之禮諸侯用璧天子雖用玉其形無文故取諸侯法以況之天子亦爲璧形而小以其入口故知小也云贈玉蓋璧也者以既夕禮云贈用束帛明天子亦有束帛也而小行人合六幣璧以帛故知贈既用帛明以璧配之鄭言此

者恐天子與士異士用帛天子用玉嫌不用帛故言之也案玉府已云大喪共含玉此又言之者蓋玉府主作之此官主其成事而共之

凡玉器出則共奉之玉器出謂王所好賜也奉之送以往遠則送於使者

〔疏〕注玉器至使者。釋曰云玉器出謂王所好賜也者天府云遷寶謂徙國都此不言遷直言出故知王所好賜之者也云遠則送於使者者謂王使人就國賜之則往就使者付之故云送於使者也

附釋音周禮注疏卷第二十

知南昌府張敦仁署鄱陽縣候補知州周澍栞

周禮注疏卷二十挍勘記　阮元撰盧宣旬摘錄

附釋音周禮注疏卷第二十

雞人　葉鈔釋文作鷄人○按从隹者小篆从鳥者籀文

夜嘑旦以嘂百官　釋文作以䚯唐石經余本嘂作䚯字從丩此誤

故挈壺氏兼告期也　惠挍本同閩本刊落也監毛本承之又監本壺誤壼

司尊彝

其朝踐用兩獻尊　釋文獻本或作戲說文酉部云尊酒器也周禮六尊首犧尊鄭司農云獻讀爲犧義本說文鄭志云或有作獻字者齊人之聲誤耳○按仲師卒於章帝建初八年說文上於安帝建光元年仲師未嘗見說文謂說文本仲師則可考古必按其時代非可妄語也據叔重自序云說文成於和帝永元十二年上距仲師卒之年凡十八年

罍神之所飲也　余本閩監毛本同誤也嘉靖本神作臣釋曰云罍臣之所飲也者經云皆有罍諸臣之所酢故知諸臣所飲者也當據以訂正

雉讀爲蛇虺之虺　岳本爲作曰毛本雉誤蛇

案内宰職云贊后薦加豆籩　浦鏜云内宗誤内宰

王酳尸因朝踐之尊醴齊　浦鏜云用誤因

不合爲野享之義也　惠挍本享作饗

以諸尊皆物爲飾　惠挍本物上有異此脱

以爲刻畫山雲之形者也　閩監毛本無者

異義第六罍制　惠挍本閩本同監毛本第改弟

古廷說罍器　按詩卷耳正義作古毛詩說爾雅釋器正義同此作廷誤下同

金飾亡目　浦鏜云口誤亡從儀禮通解續挍按詩正義作龜目○按口字非

經文雖有詩云　閩監毛本雖改惟誤

則其餘諸臣直有金　詩正義金作釁此誤

齊爲齏　葉鈔釋文作爲賷

稅栻勺而酌也　閩監毛本同誤也余本嘉靖本作捝拭當據正釋文作捝飾云本或作拭

齊讀皆爲粢　漢讀考齊作齍本故書也此誤

猶明清與醆酒于舊澤之酒也　余本岳本嘉靖本閩本同監毛本澤改醳非釋文作舊澤

獻讀爲摩莎之莎　葉鈔釋文作摩沙

脩讀如滌濯之滌　余本嘉靖本閩監毛本同賈疏引注作讀爲漢制考同當訂正

故舉常時沛酒之法以曉人也　浦鏜云當誤常

無過與盎同　惠挍本盎下有齊

推次可知也　惠挍本作推此

三酒時祭亦備　惠挍本下有之

朝夕酒存省之意也　挍酒蓋須之誤○按朝夕酒句絕不誤

鄭知旅是大國有故之祭者　浦鏜云大字當在故上

司几筵

莞藻次蒲熊　釋文莞藻本又作繅按經作繅司農讀爲藻鄭君則仍用繅字今本作藻非

酢席王在廟室西面　惠挍本無王此衍

設莞筵紛純　唐石經筵作席涉下文誤

其繡白黑采　余本嘉靖本監毛本同閩本采作文按賈疏引注亦作文

純讀爲均服之均　漢讀考云此讀如擬其音今本作讀爲誤按賈疏亦云均即準音與純同

憑玉几　余本閩監毛本同嘉靖本憑作馮按釋文賈疏皆作馮下加心者俗作○按說文引周書凭玉几凭者正字馮者假借字

有成其文章　盧文弨云通考無其

祀先王昨席亦如之　唐石經原刻作胙席後磨改作昨下昨席同

王受酢之席　閩本同監毛本酢改昨非

右彫几　唐石經諸本同惠按本彫作雕云余本仍作彫下注同按釋文几部引周禮五几作雕几

繅采嚅　閩監毛本同誤也余本岳本嘉靖本嚅作礝當訂正○按礝本碝之誤借碝爲今人輭弱字也葉鈔釋文及余本載音義皆作礝

纁柔襦不如莞淸堅 閩監毛本襦改繻下柔襦同

不亦如下文莞席加繅者 此本不字剜擠閩監毛本排入

先鄭據此文而云 惠挍本云作言此誤

右漆几 說文几部引周禮作髤几按桼部云髤桼也从桼髟聲與桼字義同而文異音異漢讀考云當是杜子春賈侍中衛次仲等說而許從之

則共調也 閩監毛本共改其○按此條鄭注亦由以注改經復以經改注而誤耳說詳禮記挍勘記

謂言祭時 浦鏜云吉誤言

牖間南鄉 閩監毛本同余本岳本嘉靖本鄉作嚮按釋文此本及閩監毛本惟南鄉字作鄉下仍作東嚮西嚮非○按鄉正字嚮俗字嚮亦見漢碑

爲萂乎外 閩本同監毛本乎改於

几長五尺高三尺 閩監毛本作高二尺

天府

鼖鼓在西房 釋文鼖作賁

師貞丈人吉問於丈人 諸本同按下四字當衍司農訓貞爲問故引易師貞丈人吉及國語貞於陽卜以證之疏中亦有此四字浦鏜云當爲衍文○按此四字乃大鄭說易之語非衍文也易之言貞者多矣獨此以貞丈人連讀訓爲問於丈人大鄭恐人惑故附見其解如王弼及孔氏疏中所引注皆以正釋貞況象傳曰貞正也伸師此證甚非是

筵不以廟堂者 監本以作於

能御衆衆有朝正人之德 浦鏜云衍一衆按朝當爲幹字之誤

引此三文者 惠挍本三作二此誤

典瑞

晉讀爲搢紳之搢謂插於紳帶之閒 余本閩監毛本同宋本嘉靖本插下有之釋文搢紳作薦申插作臿按賈疏引注作謂插之於紳帶之閒此疏之字○按插者正字臿者假借字

鎭圭尺有二寸 嘉靖本圭作王蓋玉之誤

釋曰搢插也 閩監毛本搢改晉按疏依本注讀

云鎭圭尺有二 浦鏜云下脫寸

瑑有圻鄂瑑起 嘉靖本作琢有沂鄂瑑起按此本疏中引注亦作沂鄂釋文作圻鄂○按古通用

蓋四廟圭各尺二寸 浦鏜云廟誤廟從儀禮通考續挍

天所郊亦猶五帝 浦鏜云云誤大

僢而同邸 釋文作僢而同低此誤○按此作邸爲是上經四圭有邸注中不改作柢字則此亦不當改況

爾雅曰邸本也今爾雅作柢司農自據當時爾雅且司農邸有兩說惟作邸斯二說可該倘作柢則不能該後說矣

卹彼玉瓚　余本同嘉靖本閩監毛本瓚作瓚從邑蓋誤釋文卹彼又作䘏○按說文有卹字在卩部从卩又䘏字在血部亦从卩

灌先王祭也　岳本嘉靖本同余本閩監毛本灌改祼惠挍本作灌先王祭也按賈疏引注亦作灌○按祼灌古今字注爵行曰祼依疏亦可作灌

下有槃口徑一尺　嘉靖本作二尺

此據禮器制度文　漢制考禮作漢

以土地以求地中　嘉靖本作所求地中

先鄭玉人職　補毛本玉上有引字

以恤凶荒　唐石經余本岳本嘉靖本閩本同監毛本恤改卹○按卹當从卩

故玉人云以爲上下一尺　惠挍本無云此衍

先鄭讀駔爲駔牙之駔　漢讀考云當作組牙之組玉人注牙璋有鉏牙之飾

穀圭以和難　唐石經脫以

宣公及齊侯平莒及郯　余本嘉靖本閩本同監毛本郯誤剡按釋文賈疏皆作郯

晉侯使瑕嘉平戎于王　○按釋文作叚嘉云本又作瑕亦作假按叚音假右字也

故治德以結好　岳本作以治德結好

使大夫執以命事焉者　惠挍本同閩監毛本以改而

時聘無常期一也　閩本同監毛本一改故

謂一服朝之職也　浦鏜云歲誤職

柱左右巔及在口中者　余本岳本嘉靖本惠挍本同監毛本巔作顛閩本誤顛按釋文作顛

云儀禮作齻○按齻字不古當是儀禮本作顛謂齒之盡處牙車也

彼注象生時齒堅○按齒當作齧

周禮注疏卷二十挍勘記終

南昌袁泰開挍

附釋音周禮注疏卷第二十一

鄭氏注　賈公彥疏

典命掌諸侯之五儀諸臣之五等之命五儀公侯伯子男之儀五等謂孤以下四命三命再命一命不命也或言儀或言命互文也故書儀作義鄭司農義讀爲儀〔疏〕注五儀至爲儀○釋曰云五儀公侯伯子男之儀者此五儀有三等之命命雖有同者其儀皆異若然大宗伯注云每命異儀貴賤之位乃正是命異儀即異此則命同儀有異於義乖者但大宗伯經云九儀之命據九等之命爲九儀故注每命異儀是命異儀即異經云掌諸侯之五儀即是據五等之爵爲五儀是以命同儀有異此乃各有所據於義無乖也云五等謂孤以下四命三命再命一命不命也鄭知義然者此經諸臣五等在諸侯之下則還據諸侯之下臣有五等而言諸侯之下旣無四命以至五命明臣有五等通不命也是以諸侯及諸臣皆據下文諸侯諸臣而充此上之數也故下文諸侯下說大國孤四命其卿三命大夫再命士一命侯伯之卿已下如公國五命三等云或言儀或言命互文也者謂或

言儀者亦有命此則諸侯之命也或言命者亦有儀此乃臣之儀也今若據爵而言則孤卿大夫士四等之儀也若據命而說則通不命爲五儀

上公九命爲伯其國家宮室車旗衣服禮儀皆以九爲節侯伯七命其國家宮室車旗衣服禮儀皆以七爲節子男五命其國家宮室車旗衣服禮儀皆以五爲節上公謂王之三公有德者加命爲二伯二王之後亦爲上公國家國之所居謂城方也公之城蓋方九里宮方九百步侯伯之城蓋方七里宮方七百步子男之城蓋方五里宮方五百步大行人職則有諸侯圭藉冕服建常樊纓貳車介牢禮朝位之數焉○樊步干反介音介

【疏】注上公至數焉○釋曰鄭云上公謂王之三公有德者加命爲二伯者案下文三公八命出封皆加一等謂若周公大公有德封於齊魯身雖在王朝使其子就國亦是出封加命爲上公九命者此上公則爲二伯分陝者也故大宗伯云九命作伯是也云二王之後亦爲上公者案孝經緯援神契云二王之後稱公大國稱侯

故知也若然宋公爲殷之後稱公杞爲夏後或稱侯或稱伯或稱子者杞君無道或用夷禮故貶之而不稱公也若虞公虢公非王之三公出封亦得稱公者此殷時稱公武王滅殷虞虢無過可退無功可進雖周之親戚仍守百里之地而稱公也自外雖是周之同族有出封惟稱侯伯而已是以魯晉鄭衞等皆稱侯伯鄭注巾車云王子母弟雖爲侯伯畫服如上公乘金路是也云國家國之所居謂城方也者若孝經諸侯稱國大夫稱家今此文無鄉大夫則國家捴據諸侯城方者也云公之城蓋方九里云云此經國家及宫室車旗以下皆依命數而言既言國家宫室以九以七以五爲節以天子城方十二里而言此九七五亦當爲九里七里五里爲差矣但無正文故言蓋以疑之也案書無逸傳云古者百里之國九里之城玄或疑焉周禮匠人營國方九里謂天子之城今大國與之同非也然大國七里之城次國五里小國三里之城爲近可也或者天子實十二里之城諸侯大國九里次國七里小國五里如是鄭自兩解不定鄭必兩解者若案匠人營國方九里據周天子而言則公宜七里侯伯宜五里子男宜三里爲差也若據此文九命者以九爲節七命者以七爲節五命者以五爲節又案文王有聲箋云築城伊洫適與成方十里等小於天子大於諸侯以其雖改殷制仍服事

殷未敢十二里據此二文而言則周之天子城方十二里公宜九里侯伯宜七里子男宜五里也若周天子十二里則匠人云九里或據異代法以其匠人有夏殷法故也鄭不言異代者以其無正文不敢斥言也是以隱公元年祭仲云都城不過百雉雉長三丈百雉五百步大都三之一則鄭是伯爵城有千五百步爲五里是公七里侯伯五里子男三里矣此賈服杜君等義與鄭玄一解也鄭又云鄭伯之城方七里大都三之一方七百步實過百雉矣而云都城不過百雉舉子男小國之大都以駮京城之大其實鄭之大都過百雉矣又是天子城十二里而言也引大行人之職者經云國家宮室鄭已解訖其云車旗衣服禮儀不可具言故引大行人爲證欲見彼具見車旗以下之數也案大行人云上公之禮執桓圭九寸繅藉九寸冕服九章建常九斿樊纓九就貳車九乘介九人禮九牢其朝位賓主之間九十步侯伯於上公降殺以兩子男比於侯伯又降殺以兩爲差耳故鄭云數焉

王之三公八命其卿六命其大夫四命及其出封皆加一等其國家宮室車旗衣服禮儀亦如之四命中下大夫也出封出畿內封於八州

之中加一等褒有德也大夫爲子男卿爲侯伯其在朝【疏】廷則亦如命數耳王之上士三命中士再命下士一命王之至如之○釋曰云王之三公八命其卿六命其大夫四命皆是在朝者云及其出封皆加一等者三公八命者爲九命上公六命卿爲七命侯伯四命大夫爲五命子男云其國家宮室車旗衣服禮儀亦如之者亦如上經以命數爲差也○注四命中至一命○釋曰云四命中下大夫也者見序官有中下大夫於此唯見四命大夫是知中下大夫同四命也云出封出畿內封於八州之中者其王朝公卿大夫亦有舊在畿內有采地之封是封畿內者也今乃封於畿外在八州之中諸侯也云加一等褒有德也者王朝公卿大夫無功可進無過可退者不得出封以知加一等爲南面之君者是褒有德也卿爲侯伯大夫爲子男也鄭不言三公者雖出封加命爵仍是公不異故不言也云其在朝廷則亦如命數耳者若先鄭出加入亦加若毛君則出加入減若鄭君出加入則不加不減其義已備宗伯職也云王之上士三命中士再命下士一命者經既不言而鄭言之者此典命所以主命數序官有三等之士此文不見故以意推之必知士有三命以下者見經大夫四命四命以下唯有三等之命序官有上士中士下士故以三等之命而說之也然公卿大夫以八命六命

四命爲陰爵者一則擬出封加爲陽爵二則在王下爲臣是陰官不可爲陽爵故也士下旣無出封之理又極卑賤故有三命一命爲陽爵無嫌也

凡諸侯之適子誓於天子攝其君則下其君之禮一等未誓則以皮帛繼子男

誓猶命也言誓者明天子旣命以爲之嗣樹子不易也春秋桓九年曹伯使其世子射姑來朝行國君之禮是也公之子如侯伯而執圭侯伯之子如子男而執璧子男之子與未誓者皆次小國之君執皮帛而朝會焉其賓之皆以上卿之禮焉○適子丁歷反則下遐嫁反射姑音亦

疏 注誓猶至禮焉○釋曰鄭以誓爲命者諸侯世子皆往朝天子天子命之爲世子故以誓爲命也云言誓者明天子旣命以爲之嗣樹子不易也者實是命而經云誓者謂旣命以爲繼嗣使爲樹子不可改易義取公羊僖公三年齊桓公會于陽穀管仲命諸侯云無易樹子無以妾爲妻是也引桓九年曹伯使其世子射姑來朝行國君之禮者以其稱朝是行國君之禮引者證經誓於天子攝其君事也云公之子如侯伯而執圭侯伯之子如子男而執璧者以其上公九命侯伯七命子男五命經云下其君一等明依命數爲降以知義然也若公之

子如侯伯在侯伯下侯伯子如子男在子男下也云子男之子與未誓者皆次小國之君執皮帛者以經云下一等子男身五命執璧明子雖得誓以下父一等自然與公侯伯子男子未誓者同執皮帛朝會可知也云其賓之皆以上卿之禮焉者此亦約曹世子射姑來朝賓之以上卿之禮而言之也若行朝禮擯介依諸侯法其饔餼饗一與卿同也此經誓與未誓皆據父在而言若父卒後得誓者皆得以諸侯序以無父得與正君同故也是以雜記云君薨大子號稱子待猶君也注引春秋葵丘之會宋襄公稱子而與諸侯序又定四年二月癸巳陳侯吳卒三月公會劉子晉侯宋公蔡侯衛侯陳子鄭伯以下於召陵陳子在鄭伯上則是得誓者與諸侯序也若未誓則亦當執皮帛也

公之孤四命以皮帛眡小國之君其卿三命其大夫再命其士一命其宮室車旗衣服禮儀各眡其命之數侯伯之卿大夫士亦如之子男之卿再命其大夫一命其士不命其宮室車旗衣

服禮儀各眡其命之數視小國之君者列於卿大夫之位而禮如子男也鄭司農云九命上公得置孤卿一人春秋傳曰列國之卿當小國之君固周制也玄謂王制曰大國三卿皆命於天子下大夫五人上士二十七人次國三卿二卿命於天子一卿命於其君下大夫五人上士二十七人小國二卿皆命於其君下大夫五人上士二十七人

疏注視小至七人○釋曰云視小國之君者列於卿大夫之位而禮如子男也知義然者案大行人云大國之孤執皮帛以禮小國之君出入三積不問壹勞朝位當車前不交擯廟中無相以酒禮之其佗皆眡小國之君鄭注云此以君命來聘者也孤尊既聘享更自以其贄見執束帛而已豹皮表之為飾繼小國之君言次之也其佗謂貳車及介牢禮賓主之間擯將幣祼酢饗食之數以此而言則以皮帛者亦是更以贄見若正聘當執圭璋也若然彼云繼小國之君謂執皮帛次小國君後則與此注列於卿大夫位一也此言眡小國之君注云而禮如子男則彼其佗眡小國君并彼注貳車及介以下是也司農云九命上公得置孤卿一人春秋傳曰列國之卿當小國之君固周制也者案昭二十三年左傳云叔孫婼為晉所執晉人使與邾大夫坐訟叔孫曰列國之卿當小國之君固周制也寡君命介子

服回在是其事也若然先鄭引魯之卿以證孤者孤亦得名
卿故匠人云外有九室九卿朝焉是并六卿與三孤爲九卿
亦得名卿者以其命數同也魯是侯爵非上公亦得置孤者
魯爲州牧立孤與公同若然其孤則以卿爲之故叔孫婼自
比於孤也立謂王制曰大國三卿皆命於天子以下者案王
制之文多據夏殷此制命卿亦是夏殷法故彼下文大國之卿
不過三命下卿再命小國之卿與下大夫一命鄭注云不著
次國之卿者以大國之下互明之此卿命則異大夫皆同以
此言之則大國卿三命次國卿與大國下卿同再命小國卿
與大夫同一命彼注即引此周禮命卿大夫之法以證與古
不同之義若然此引彼夏殷命臣法周禮諸侯卿大夫命雖
與古不同五等諸侯同國皆有三卿得天子命者與夏殷同
故引之若然云大國三卿皆命於天子者上卿則命數足矣
中卿天子再命已君加一命亦爲三命下卿天子一命若夏
殷已君加一命二命足矣周則已君加二命爲三命命足矣
云下大夫五人不言命數者並不得天子命夏殷並已君加
一命周則大國之大夫再命也云上士二十七人者夏殷之
士不命其二十七士亦應有上九中九下九而皆云上士者
亦是勉人爲高行故揔以上士言之也云次國三卿二卿命
於天子者上卿天子二命已君不加中卿天子一命已君加

一命下卿天子不命已君亦加二命爲再命故云一卿命於其君是次國之卿皆再命也若周禮次國卿並三命亦下大夫五人上士二十七人義與大國同也云小國二卿皆命於其君者案彼鄭注云此文似誤脫者類上文大國次國則此小國亦當有三卿宜云小國三卿一卿命於天子二卿命於其君則是脫亦三卿一卿命於天子九字矣云誤者次國云二卿命於天子不言皆此小國云二卿皆命於其君而言皆是誤故云蓋誤也若依此三卿解之則三卿之內一卿命於天子爲一命二卿命於其君亦各一命亦下大夫五人上士二十七人義與上同也若周禮小國三卿皆再命亦一卿命於天子一命已君加一命爲再命二卿命於其君不得天子命並已君再命矣又周法次國五大夫亦與大國五大夫同再命小國下大夫五人各一命其士公侯伯之士同一命子男之士不命與夏殷同此文是也大司馬云大國三軍次國二軍小國一軍軍將皆命卿者謂得天子之命者得爲軍將也若然諸侯之臣有四命三命再命一命不命而經云各眡其命數者謂宮室之等四命者四百步貳車四乘旗四斿冕服四章三命者以三爲節再命一命者亦以命數爲降殺也但大夫玄冕一命者一章裳上刺黻而已衣無章故得玄名也則冕亦象衣無旒其上服爵弁亞無章飾是以變冕言爵

弁也諸侯之大夫一命已上即有貳車士雖一命亦無貳車天子之士再命已上可有貳車也

司服掌王之吉凶衣服辨其名物與其用事用事祭祀視朝甸凶弔之事衣服各有所用〔疏〕司服至用事○釋曰此一經與下文爲總目王吉服有九大裘已下是也凶服即下文凶事與弔是也云辨其名物者衣服有名則物色有異同也○注用事至所用○釋曰云用事祭祀視朝甸凶弔之事者是其事各異云衣服各有所用者謂若祀昊天用大裘之等是也

王之吉服祀昊天上帝則服大裘而冕祀五帝亦如之享先王則袞冕享先公饗射則鷩冕祀四望山川則毳冕祭社稷五祀則希冕祭羣小祀則玄冕六服同冕者首飾尊也先公謂后稷之後大王之前不窋至諸盩饗射饗食賓客與諸侯射也羣小祀林澤墳衍四方百物之屬鄭司農云大裘羔裘也袞卷龍衣也鷩裨衣也毳罽衣也玄謂書曰予欲觀古人之象日月

星辰山龍華蟲作繢宗彝藻火粉米黼黻希繡此古天子冕服十二章舜欲觀焉華蟲五色之蟲繢人職曰鳥獸蛇雜四時五色以章之謂是也希讀爲絺或作黹字之誤也王者相變至周而以日月星辰畫於旌旗所謂三辰旂旗昭其明也而冕服九章登龍於山登火於宗彝尊其神明也九章初一曰龍次二曰山次三曰華蟲次四曰火次五曰宗彝皆畫以爲繢次六曰藻次七曰粉米次八曰黼次九曰黻皆希以爲繡則袞之衣五章裳四章凡九也鷩畫以雉謂華蟲也其衣三章裳四章凡七也毳畫虎蜼謂宗彝也其衣三章裳二章凡五也希刺粉米無畫也其衣一章裳二章凡三也玄者衣無文裳刺黻而已是以謂玄焉凡冕服皆玄衣纁裳○鷩必滅反劉府弊反毳昌鋭反劉清歲反希本又作絺陟里反又劉猪履反注下皆同窋張律反紬直留反或音胄禆婢支反又方支反罽居例反繢胡對反黹張里反刺七亦反劉七賜反沈此摯反下同

〔疏〕王之至玄冕○釋曰王之吉服并下三者亦是今尊其祭服且言六矣○注六服至纁裳○釋曰云六服同冕者首飾尊也者六服服雖不同首同用冕以首爲一身之尊故少變同用冕耳下經五服同名并亦是首飾尊鄭不言者義可知也冕名雖同其旒數則亦有異但冕名同耳云先公謂后稷之後大王之前不窋至諸盩者但后

稷雖是公不謚爲王要是周之始祖感神靈而生文武之功因之而就故特尊之與先王同是以尚書武成云先王建邦啓土尊之亦謂之先王也是以鄭云后稷之後大王之前不數后稷不窋后稷子諸盩大王父二者之間並爲先公矣周本紀云后稷卒子不窋立不窋卒子鞠立鞠卒子公劉立卒子慶節立卒子皇僕立卒子差弗立卒子毀榆立卒子公非立卒子高圉立卒子亞圉立卒子公祖類立卒子古公亶父立古公亶父則大王亶父也公祖類即紺亦曰諸盩也大祫於大祖后稷廟中尸服袞冕王服亦袞冕也案中庸注云先公組紺以上至后稷天保詩注先公謂后稷至諸盩天作詩注云先公謂諸盩至不窋經皆云先公注或言后稷或不言后稷者中庸云周公成文武之德追王大王王季上祀先公以天子之禮后稷既不追王故注先公中有后稷也天保詩云禴祠烝嘗是四時常祭故注先公中有后稷天作詩是祫之祭禮在后稷廟中不嫌不及后稷故注不言后稷各有所據故注不同也云饗射饗食賓客與諸侯射也者饗食則大行人云上公三饗三食之等是也但饗食在廟故亦服鷩冕也與諸侯射者此大射在西郊虞庠中亦服鷩冕也若燕射在寢則朝服若賓射在朝則皮弁服云羣小祀林澤墳衍四方百物者此據地之小祀以血祭社稷爲中祀埋沈已下爲

小祀也若天之小祀則司中司命風師雨師鄭不言者義可知鄭司農云大裘羔裘也者司裘文先鄭注云大裘黑羔裘然則凡祭之皆同羔裘義具於司裘也云袞卷龍衣也者鄭注禮記云卷俗讀其通則曰袞故先鄭袞卷并言之也云鷩裨衣也者案禮記曾子問云諸侯裨冕覲禮侯氏裨冕鄭注云裨之言埤也天子大裘爲上其餘爲裨若然則裨衣自袞以下皆是先鄭獨以鷩爲裨衣其言不足矣云毳罽衣也者案爾雅云毛氂謂之罽則績毛爲之若今之毛布但此毳則宗彝謂虎蜼而先鄭以爲罽衣於義不可故後鄭不從也立謂書曰至希繡而云此古天子冕服十二章舜欲觀焉者欲明舜時十二章至周無十二章之意也然古人必爲日月星辰於衣者取其明也山取其人所仰龍取其能變化華蟲取其文理作繢者繢畫也衣是陽陽至輕浮畫亦輕浮故衣繢也宗彝者據周之彝尊有虎彝蜼彝因於前代則虞時有蜼彝虎彝可知若然宗彝是宗廟彝尊非蟲獸之號而言宗彝者以虎蜼畫於宗彝則因號虎蜼爲宗彝其實是虎蜼也但虎蜼同在於彝故此亦并爲一章也虎取其嚴猛蜼取其有智以其卬鼻長尾大雨則懸於樹以尾塞其鼻是其智也藻水草亦取其有文象衣上華蟲火亦取其明粉米共爲一章取其絜亦取養人黼謂白黑爲形則斧文近刃白近上黑取

斷割焉黻黑與青爲形則兩色相背取臣民背惡向善亦取君臣有合離之義去就之理也希繡者孔君以爲細葛上爲繡鄭君讀希爲黹黹紩也謂刺繒爲繡次但裳主陰刺亦是沈深之義故裳刺也云華蟲五色之蟲孔君注以爲華象草華蟲雉也義亦通以其草華有五色故引繢人鳥獸蛇雜四時五色以章之爲證也華蟲名鷩者以其頭似鷩以有兩翼即曰鳥以其體有鱗似蛇則曰蛇以其有五色成章則曰雉故鄭注考工記云蟲之毛鱗有文采者也云希讀爲絺或作黹字之誤也者本有此二文不同故云誤當從絺爲正也云王者相變至周而以日月星辰畫於旌旗者若孔君義虞時亦以日月星畫於旌旗與周同鄭意虞時無日月星畫於旌旗若虞時日月星畫於旌旗則衣無日月星也云所謂三辰旂旗昭其明也者所謂桓公二年哀伯辭彼三辰則此日月星辰旂旗者謂蛟龍爲旂熊虎爲旗不畫日月星連引之耳引之者證周世日月星畫於旌旗之意也云而冕服九章者據周法而言既去日月星三章明有九章在也云登龍於山登火於宗彝尊其神明也者鄭知登龍於山者周法皆以蟲獸爲章首若不登龍於山則當以山爲章首何得猶名袞龍乎明知登龍於山取其神也又知登火於宗彝者宗彝則毳也若不登火在於宗彝上則毳是六章之首不得以毳爲五

章之首故知登火於宗彝取其明也云九章初一曰龍至凡五也此無正文並鄭以意解之以其衣是陽從奇數裳是陰從偶數云希刺粉米無畫也者衣是陽應畫今希冕三章在裳者自然刺繡但粉米不可畫之物今雖在衣亦刺之不變故得希名故鄭特言粉米也然則毳冕之粉米亦刺之也云玄者衣無文裳刺黻而已者以其祭服衣本是玄今玄冕一章仍以玄爲名明衣上無畫一章者刺黻於裳而已是以謂玄焉云凡冕服皆玄衣纁裳者六冕皆然故云凡以該之知玄衣纁裳者見易繫辭黄帝堯舜垂衣裳蓋取諸乾坤乾爲天其色玄坤爲地其色黄但土無正位託於南方火赤色赤與黄即是纁色故以纁爲名也

凡兵事韋弁服韋弁以韎韋爲弁又以爲衣裳春秋傳曰晉郤至衣韎韋之跗注是也今時伍伯緹衣古兵服之遺色○韎劉音妹又莫拜反衣於既反跗芳符反又音附注音之樹反緹音體

〈疏〉凡兵至弁服○釋曰以兵事有侵戰伐圍入滅非一故云凡云韋弁服者以韋爲冕又以爲服故云韋弁服○注韋弁至遺色○釋曰韎是舊染謂赤色也以赤色韋爲弁云又以爲衣裳者左氏傳成十六年楚子曰韎韋之跗注君子也使工尹襄問郤至以弓若賈服等說跗謂足跗注屬也袴而屬於跗若據鄭雜問志則以跗爲幅注亦爲

屬以韎韋幅如布帛之幅而連屬以爲衣而素裳既與諸家不同又與此注裳亦用韎韋有同者異者鄭君兩解此注與賈服同裳亦用韎韋也至彼雜問志裳用素者從白舄之義若然案聘禮云卿韋弁歸饔餼注云韋弁韎韋之弁蓋韎布爲衣而素裳與此又不同者彼非兵事入廟不可純如兵服故疑用韎布爲衣也言素裳者亦從白屨爲正也以其屨從裳色天子諸侯白舄大夫士白屨皆施於皮弁故也云今時伍伯緹衣古兵服之遺色者鄭取韎爲赤色韋猶以爲疑故舉漢事以爲況言伍伯者伍行也伯長也謂宿衛者之行長見服纁赤之衣是古兵服赤色遺象至漢時是其兵服赤之驗也

眡朝則皮弁服　視朝視內外朝之事皮弁之服十五升白布衣積素以爲裳王受諸侯朝覲於廟則袞冕○眡音視

疏　注視朝至袞冕○釋曰天子三朝外朝二內朝一二皆用皮弁故經揔云眡朝則皮弁服也知皮弁之服十五升白布衣積素以爲裳者案禮記雜記云朝服十五升士冠禮云皮弁素積故知義然也云王受諸侯朝覲於廟則袞冕者案覲禮云天子袞冕負黼扆節服氏云祭祀朝覲袞冕六人維王之大常注云服袞冕者從王服故知朝覲在廟王服袞冕若然春夏受贄在朝則是眡朝皮弁服也其受享於廟與覲同袞冕故於廟連言朝也

凡甸冠弁服甸田獵也冠弁委貌其服緇布衣亦積素以爲裳諸侯以爲視朝之服詩國風曰緇衣之宜兮謂王服此以田王卒食而居則玄端○甸音田注同

疏注甸田至玄端○釋曰言凡者田獵非一故以凡廣之不言事者朝是朝日比於田獵爲數故凡事皆不言也云冠弁委貌者士冠禮及郊特牲皆云委貌周道鄭注士冠云委猶安也言所以安正容貌故云委貌若以色言則曰玄冠也云其服緇布衣亦積素以爲裳者士冠禮云主人玄冠朝服緇帶素韠注云衣不言色者衣與冠同裳又與韠同色是其朝服緇布衣亦如皮弁積素以爲裳也云諸侯以爲視朝之服者士冠禮云玄冠朝服注云天子與其臣玄冕以視朝皮弁以日視朝諸侯與其臣皮弁以視朔朝服以日視朝是也引詩國風曰者是鄭緇衣之詩引之證鄭伯是諸侯服緇衣爲朝服之義也云王卒食而居則玄端者案玉藻韠君朱大夫素士爵韋鄭注云天子諸侯玄端朱裳以其云朱韠韠同裳色故也鄭因朝服而說玄端者以朝服與玄端大同小異以其玄冠緇布衣皆有正幅爲端則同但易其裳耳故因說玄端也若然大夫素韠則素裳其士韠言爵爵是不純之名以其士冠禮上士玄裳中士黃裳下士雜裳雜裳者前三幅玄後四幅黃故爵韠也言凡甸冠弁服據習兵之時

若正四時則當戎服是以月令季秋天子乃教於田獵以習五戎司徒搢扑北面以誓之天子乃厲飾執弓挾矢以獵注云厲飾謂戎服尚威武也以此觀之習五戎司徒誓之不戎服著冠弁可知是以襄十四年夏四月左傳云衛獻公戒孫文子甯惠子食而射鴻於囿二子從之公不釋皮冠則皮弁韋弁同且色異耳故以韋弁爲皮弁是其正田用韋弁也○

凡凶事服弁服○服弁喪冠也其服斬衰齊衰○衰七雷反下皆同齊音咨

疏　注服弁喪至齊衰○釋曰弁服於上下文不類者以是喪服故變其文也天子諸侯絕傍期正統之期猶不降故兼云齊衰其正服大功亦似不降也大功章曰適婦注云適子之婦傳曰何以大功也不降其適也既無指斥明關之天子諸侯也又服問云君所主夫人妻大子嫡婦既言君所主服不降也如是則爲適適孫之婦又當小功今注止云斬衰齊衰者以其正服齊衰是不降之首然則王爲適子斬衰其爲適孫適曾孫適玄孫適來孫則皆齊衰不杖章云適孫傳曰何以期也不敢降其適也有適子者無適孫孫婦亦如之玄謂凡父於將爲後者非長子皆期然則王禮亦適子死有適孫適孫死有適曾孫向下皆然也又案喪服傳云始封之君不臣諸父昆弟封君之子不臣諸父而臣昆弟天子之義亦當然若虞舜之與

漢高皆庶人起爲天子蓋亦不臣諸父昆弟而有服也

凡弔事弁絰服弁絰者如爵弁而素

加環絰論語曰羔裘玄冠不以弔絰大如緦之絰其服錫衰緦衰疑衰諸侯及卿大夫亦以錫衰爲弔服喪服小記曰諸侯弔必皮弁錫衰則變其冠耳喪服舊說以爲士弔服素委貌冠朝服此近庶人弔服而衣猶非也士當事弁絰疑衰變其裳以素耳國君於其臣弁絰他國之臣則皮弁大夫士有朋友之恩亦弁絰故書弁作絣鄭司農絣讀爲弁而加環絰環絰即弁絰服○近附近之近絣音弁

疏凡弔事弁絰服○釋曰弔事言凡者以其弔事非一故亦云凡以廣之也弁絰其服則錫衰緦衰之等也○注弁絰至絰服○釋曰云弁絰者如爵弁而素者爵弁之形以木爲體廣八寸長尺六寸以三十升布染爲爵頭色赤多黑少今爲弁絰之弁其體亦然但不同爵色之布而用素爲之故云如爵弁而素云加環絰者凡五服之絰皆兩股絞之今言環絰即與絞絰有異矣謂以麻爲體又以一股麻爲體糾而橫纏之如環然故謂之環絰加於素弁之上故言加環絰也云論語曰羔裘玄冠不以弔者彼謂小斂之後主人已改服容則不用玄冠羔裘朝服以弔之引之者證凡弔服及弁絰皆施之於小斂已後也云絰大如緦之絰者弔服環絰大小無文但五服之

經緦經最小弔服之經亦不過之是以約同緦經故云經大
如緦之經也云其服錫衰緦衰疑衰者此文弔事之經下文
陳三等弔服錫衰以下明上下相成故據下文而說也云諸
侯及卿大夫亦以錫衰爲弔服知者案服問云君爲卿大夫
錫衰當事則弁經大夫相爲亦然故知之也云喪服小記曰
諸侯弔必皮弁錫衰則變其冠耳者不言君而言諸侯則是
弔異國之臣法不著弁經而云皮弁故云變其冠耳云喪服
舊說以爲士弔服素委貌冠朝服此近庶人弔服而衣猶非
也者此引舊說而破之庶人弔服首服素冠而素裳其衣裳
當疑衰故喪服鄭注云士疑衰素裳冠則皮弁之經庶人不
爵弁則其弔冠素委貌也若然士與庶人服同冠弁則異也
云國君於其臣弁經者服問云當事則弁經是也云佗國之
臣則皮弁者喪服小記文是也云大夫士有朋友之恩亦弁
經者喪服記云朋友麻故知大夫於士士自相於有朋友之
恩者服麻也大夫相於不假朋友恩以其服問卿大夫相爲
亦錫衰弁經不言朋友也凡弔服天子之服於此上下文具
矣其諸侯弔服亦應三衰俱有知者以天子自大裘以下至
素服上公自袞冕以下如王之服侯伯自鷩冕而下如公之
服子男自毳冕而下如侯伯之服皆相如明諸侯三衰皆有
但所用據文唯有服問云爲卿大夫錫衰以居出亦如之當

事則弁絰其用緦衰疑衰則文王世子注同姓之士緦衰異姓之士疑衰以其卿大夫已用錫衰故以二衰施於同姓異姓之士也案士喪禮注云君弔必錫衰者蓋士有朋友之恩者加之與大夫同用錫衰耳大夫相於必用錫衰者以大夫雖已降服仍有小功降至緦麻則不得以緦衰爲弔緦衰既不弔明疑衰亦不可爲故以錫衰爲弔服也士之弔服不用錫衰者避大夫疑衰不用疑裳者鄭注喪服云避諸侯也凡弔服皆既葬除之其大夫妻亦與大夫同故喪服云大夫弔於命婦錫衰命婦弔於大夫亦錫衰注云弔於命婦命婦死也是也服問云爲其妻出則不弔與大夫小異耳 凡喪爲天王斬衰爲王后齊衰王后小君也諸侯爲之不杖期。爲于僞反下及注除爲皆一字皆同 疏注王后至杖期。釋曰云凡喪者諸侯諸臣皆爲天王斬衰王后齊衰故云凡以廣之鄭云王后小君也者解經臣爲王后著齊衰之意鄭文云諸侯爲之不杖期者案喪服不杖章云爲君之母妻傳曰何以期也從服也但諸臣亦爲王斬衰爲后期鄭特言諸侯者以喪服斬衰章云臣爲君諸侯爲天子及至不杖章直云爲君之母妻不別見諸侯爲后之文故鄭解之本不見諸侯爲后者以其諸侯爲后與臣爲之同故不別見也其卿大夫適子爲君夫人亦與諸臣同士之子賤無服當從庶人禮服問云諸侯之世子不爲天子服注云遠嫌也與畿外之民同服服問又云大夫之適子爲君夫人大子如士服注大夫不世子不嫌也士爲國君斬小君期大子君服斬臣從服期天子卿大夫適子亦當然故云如士服也王爲三公六卿錫衰爲諸侯緦衰爲大夫士疑衰其首服皆弁經君爲臣服弔服也鄭司農云錫麻之滑易者十五升去其半有事其布無事其縷緦亦十五升去其半有事其縷無事其布疑衰十四升衰玄謂無事其縷哀在內無事其布哀在外疑之言擬也擬於吉。易以豉反去起呂反下同

疏經。釋曰天子臣多故三公與六卿同錫衰諸侯五等同緦衰大夫與士同疑衰不見三孤者與六卿同又不辨同姓異姓亦以臣故也云首服皆弁經者三衰同皆弁經。注君爲至於吉。釋曰君爲臣服弔服也者欲見臣爲君斬君爲臣無服直弔服既葬除之而已鄭司農解錫衰緦衰者喪服傳文其緦衰疑衰無文先鄭當更有所見後鄭皆從但增成其義耳鄭注喪服破升皆爲登布八十縷爲登登成也今云十五升則千二百縷去其半則六百縷也云有事其縷及有事其布者皆

謂以水濯治去其垢者也玄謂疑之言擬也擬於吉者以其吉服十五升今疑衰十四升少一升而已故云擬於吉者也凡弔皆不見婦人弔服者以婦與夫同故喪服云大夫弔於命婦錫衰命婦弔於大夫錫衰是婦與夫同其首服即鄭注喪服云凡婦人弔服吉笄無首素總是也

大札大荒大烖素服注大札疫病也大荒饑饉也大烖水火爲害君臣素服縞冠若晉伯宗哭梁山之崩。縞古老反劉剛操反

疏注大札至之崩。釋曰知大札疫病者以春秋傳有夭昏札瘥之文故知札爲疫病也云大荒饑饉也者爾雅穀不孰曰饑蔬不孰曰饉即曲禮云歲凶年穀不登是也云大烖水火爲害者謂若春秋宋災謂有水災爲害又孔子世家云哀三年孔子云桓僖災又公羊云雉門災之類皆火災也云君臣素服縞冠若晉伯宗哭梁山之崩者事在成五年引之者證服此素服首服縞冠之意君然梁山崩非大札大荒大烖引爲證者欲見山崩與大札大荒服同是以大司樂云凡日月食四鎮五嶽崩令去樂下文云大札大凶大烖令弛縣弛縣與去樂互相明則去樂是同梁山崩又是四鎮五嶽之類則大札大荒素服縞冠與哭梁山崩同可知若然此言素服案玉藻云年不順成則天子素服乘素車食無樂義與此合彼又云年不順成大夫不得

造車馬君衣布搢本義與此違者彼衣布謂常服謂禱祈義與此同也公之服自衮冕而下如王之服侯伯之服自鷩冕而下如公之服子男之服自毳冕而下如侯伯之服孤之服自希冕而下如子男之服卿大夫之服自玄冕而下如孤之服其凶服加以大功小功士之服自皮弁而下如大夫之服其凶服亦如之其齊服有玄端素端自公之衮冕至卿大夫之玄冕皆其朝聘天子及助祭之服諸侯非二王後其餘皆玄冕而祭於已雜記曰大夫冕而祭於公弁而祭於已士弁而祭於公冠而祭於已大夫爵弁自祭家廟唯孤爾其餘皆玄冠與士同玄冠自祭其廟者其服朝服玄端諸侯之自相朝聘皆皮弁服此天子日視朝之服喪服天子諸侯齊斬而已卿大夫加以大功小功士亦如之又加緦焉士齊有素端者亦爲札荒有所禱請

變素服言素端者明異制鄭司農云衣有襦裳者爲端玄謂
端者取其正也士之衣袂皆二尺二寸而屬幅是廣袤等也
其袪尺二寸大夫已上侈之侈之者蓋半而益一焉半而益
一則其袂三尺三寸袪尺八寸○其齊側皆反注士齊同有
襦音儒本亦作襦屬音燭廣古曠反後
廣袤同袪起呂反上時掌反侈昌氏反
【疏】公之至素端○釋曰陳天子吉
凶之服訖自此已下陳諸侯及其臣之服貴賤不同之事也
但上具列天子之服此文以上公自袞冕以下差次如之上
得兼下下不得僭上也大夫云凶服加以大功小功者謂天子
諸侯自旁期已下皆絕而不爲服大夫加以大功小功者本
服大功小功者其降一等小功降仍有服緦者其本服緦
則降而無服云士之服自皮弁而下者士之助祭服爵弁不
言爵弁者以其爵弁之服惟有承天變時及天子哭諸侯乃
服之所服非常故列天子吉服不言之今以次轉相如不得
瓡於士上加爵弁故以皮弁爲首但皮弁亦是士助君視朔
之服也云其凶服亦如之者亦如大夫有大功小功但士無
降服則亦有緦服故鄭增之也其齊服有玄端者則士冠上
士玄裳中士黃裳下士雜裳特牲士之享祭之服也素端者
即上素服爲札荒祈請之服也○注自公至八寸○釋曰云
自公袞冕至卿大夫之玄冕皆其朝聘天子及助祭之服者

此上公衮已下既非自相朝聘之服又非巳之祭服案曾子問云諸侯裨冕出視朝鄭云爲將廟受謂朝天子時也春夏受享於廟秋冬一受之於廟是受享受覲皆在廟是受朝之事及助祭在廟理當裨冕也若卿大夫聘天子受之在廟及助祭亦用冕服可知故鄭君臣朝聘並言也云諸侯非二王後其餘皆玄冕而祭於巳知之者案玉藻云諸侯玄端而祭注云端當爲冕是諸侯玄冕自祭於巳也案玉藻云諸侯祭宗廟之服惟魯與天子同此注云諸侯非二王後其餘皆玄冕祭於巳彼不言二王後此不言魯者彼此各舉一邊而言其實相兼乃具也魯雖得與天子同惟在周公文王廟中得用衮冕故明堂位云季夏六月以禘禮祀周公於大廟云天子之禮是也若餘廟亦玄冕或可依公羊傳云自牲周公牲騂犅魯公牲羣公不毛魯公既與羣公别牲而用騂犅則其服宜用鷩冕可也其二王後惟祭受命王得用衮冕其餘廟亦得用玄冕也云雜記曰大夫冕而祭於公弁而祭於巳士弁而祭於公冠而祭於巳大夫爵弁自祭家廟惟孤爾其餘皆玄冠與士同者鄭引雜記者上巳說諸侯祭於巳訖更明孤已下自祭不得申上服之意也云其餘皆玄冠與士同者諸侯除孤用爵弁之外卿大夫祭皆用玄冠與士同故少牢是上大夫祭用玄冠朝服特牲是士禮用玄冠玄端是其餘

皆玄冠與士同也其天子大夫四命與諸侯之孤同亦以爵弁自祭天子之士宜與諸侯上大夫同用朝服也云玄冠自祭其廟者其服朝服玄端者朝服據少牢大夫禮玄端據特牲士禮而言也云諸侯之自相朝聘皆皮弁服者欲見此經上服惟施於入天子廟不得入諸侯廟之意必知諸侯自相朝聘用皮弁者見聘禮主君及賓皆皮弁諸侯相朝其服雖無文聘禮主君待聘者皮弁明待諸侯朝亦皮弁可知且曾子問云諸侯朝天子冕而出視朝爲將廟受及彼下文諸侯相朝云朝服而出視朝鄭云爲事故據此上下而言明自相朝不得與天子同即用皮弁可知也云此天子日視朝之服者此解皮弁非諸侯常服之物惟於朝聘乃服之意也云喪服天子諸侯齊斬而已者欲見大夫言大功小功天子諸侯不言之意也天子諸侯絶旁期此云齊者據爲后夫人而言若然天子於適孫承重亦期周之道有適子無適孫若無適子自然立適孫若無適孫立適曾孫亦期及至適玄孫皆然也既爲適孫有服而適子之婦大功若於適孫巳下之婦承重者皆小功矣今特言齊者舉后夫人重者而言云卿大夫加以大功小功者是據正服大功小功若緦則降而無服故不言云士亦如之又加緦焉者士不降服明知更加緦也云士齊有素端者亦爲札荒有所禱請者然上文巳云素服士

既轉相如已有素服矣今於經別云玄端素端爲士設文者以其大夫已上侈袂同惟士不得侈袂以端爲之故經別見端文也若然士之素端言齊者見禱請也則上文素服亦是齊服禱請可知也云變素服言素端者明異制者鄭解士別見文素意也鄭司農云衣有襦裳者爲端者此端據正幅不據襦裳故後鄭不從也玄謂端者取其正也者端正也故以正幅解之也云士之衣袂袂皆二尺二寸而屬幅是廣袤等也者云衣袂二尺二寸喪服記文故彼云衣二尺有二寸注云此謂袂中也言衣者明與身參齊是玄端之身長二尺二寸今兩邊袂亦各屬一幅幅長二尺二寸上下亦廣二尺二寸故云屬幅廣袤等袤則長也言皆者皆玄端素端二者同也云其袪尺二寸者據玉藻深衣之袪尺二寸而言也云大夫已上侈之侈之者蓋半而益一焉半而益一則其袪三尺三寸袪尺八寸者此亦無正文案禮記雜記云凡弁經服其衰侈袂少牢主婦衣綃衣亦云侈袂侈大也鄭以侈爲大即以意爲半而益一以解之也孔子大袂單衣亦如此也凡天子冕服有章者舊說天子九章據大章而言其章別小章章依命數則皆十二爲節上公亦九章與天子同無升龍有降龍其小章章別皆九而已自餘鷩冕毳冕以下皆然必知有小章者若無小章絺冕三章則孤有四命六命卿大夫玄冕一

章卿大夫中則有三命二命一命天子之卿六命大夫四命明中有小章乃可得依命數

凡大祭祀大賓客共其衣服而奉之 奉猶送也送之於王所○疏注奉猶至王親王所○釋曰云大祭祀則中兼有次小祭祀以其皆是王親祭故舉大而言賓客言大者據諸侯來朝也王者不敢遺小國之臣則其臣來聘亦有接待之法亦畧舉大而言皆當奉衣服而送之於王王服之以祭祀及接賓客也

大喪共其復衣服斂衣服奠衣服廞衣服皆掌其陳序 奠衣服今坐上魂衣也故書廞爲淫鄭司農云淫讀爲廞廞陳也玄謂廞衣服所藏於椁中○斂衣力驗反廞虛今反○疏大喪至陳序○釋曰云大喪王喪其中兼小喪也復衣服謂始死招魂復魄之服案雜記云復者升屋西上則皆依命數天子則十二人諸侯九人七人五人大夫士亦依命數人執一領天子袞冕已下上公亦皆用助祭之上服云斂衣服者小斂皆十九稱大斂則士三十稱大夫五十稱諸侯皆百稱天子蓋百二十稱○注奠衣至椁中○釋曰云奠衣服今坐上魂衣也者案下守祧職云遺衣服藏焉鄭云大斂之餘也至祭祀之時則出而陳於坐

上則此奠衣服也者云玄謂𢊁衣服所藏於㮤中者此則明器之衣服亦沽而小者也

典祀掌外祀之兆守皆有域掌其政令外祀謂所祀於四郊者域兆表之塋域〔疏〕典祀至政令○釋曰云掌外祀之兆守皆有域掌其禁令者謂遮列不得有人來入域中故云禁令也○注外祀至塋域○釋曰云所祀於四郊者域兆表之塋域者此即小宗伯所云兆五帝於四郊四類四望亦如之兆山川丘陵已下皆是典祀掌之也言兆域據壇外爲溝渠爲表塋域者也若以時祭祀則帥其屬而脩除徵役于司隸而役之屬其屬胥徒也脩除芟掃之徵召也役之作使之〔疏〕若以至役之○釋曰云以時祭祀者謂天地山川祭祀皆有時也○注屬其至使之○釋曰鄭知其屬是胥徒者以其典祀身是下士其下惟有胥徒故知也不言府史者府史非役者也徵召也以其司隸主衆隸主供役使故云作使之也及祭帥其屬而守其厲禁而蹕之鄭司農云遮列禁人不得令人○蹕音畢遮章奢反令力呈反〔疏〕注鄭司至

令入○釋曰其屬還是胥徒厲是遮列蹕是止行人故云遮列禁人不得令入也

守祧掌守先王先公之廟祧其遺衣服藏焉

廟謂大祖之廟及三昭三穆遷主所藏曰祧先公之遷主藏于后稷之廟先王之遷主藏于文武之廟遺衣服大斂之餘也故書祧作濯鄭司農濯讀爲祧此王者之宮而有先公謂大王以前爲諸侯

疏注廟謂至諸侯○釋曰云廟謂大祖之廟及三昭三穆者王制云天子七廟三昭三穆與大祖之廟而七又祭法云王立七廟曰考廟曰王考廟曰皇考廟曰顯考廟曰祖考廟皆月祭之有二祧享嘗乃止據周而言是知廟祧中有三昭三穆與太祖之廟也云遷主所藏曰祧者以祭法云遠廟爲祧去祧爲壇既言去祧爲壇明遷主先入祧乃至壇耳故知祧是遷主所藏云先公之遷主藏於后稷之廟者先公謂諸盩已前不追諡爲王者先公之主不可下入子孫廟故知向上入后稷廟案聘禮云不腆先君之祧既拚以俟諸侯無二祧先祖之主皆藏於大祖廟故名祧若然后稷廟藏先公不名祧者以有大祖廟名又文武已名祧故后稷不名祧也若然大王王季之主不可入文武祧亦當藏於后稷廟也云先王之遷主藏於文武之廟者當周公制

禮之時文武在親廟四之內未毀不得爲祧然文武雖未爲祧已立其廟至後子孫文武應遷而不遷乃爲祧也其立廟之法后稷廟在中央當昭者處東當穆者處西皆別爲宮院者也案孔君王肅之義二祧乃是高祖之父高祖之祖與親廟四皆次第而遷文武爲祖宗不毀矣鄭不然者以其守祧有奄八人守七廟并姜嫄廟則足矣若益二祧則十廟矣奄八人何以配之明其義非也云遺衣服大斂之餘也者案士喪禮云小斂十九稱不必盡服則小斂亦有餘衣必知據大斂之餘者小斂之餘至大斂更用之大斂餘乃留之故知其遺衣服無小斂餘也先鄭云此王者之宮而有先公謂大王以前爲諸侯者謂不窋已後諸盩已前爲諸侯者后稷雖不諡爲王以其爲始祖故祫祭在焉從先王例也

若將祭祀則各以其服授尸 尸當服卒者之上服以象生時 疏 注尸當至生時○釋曰尸服卒者之上服士虞記文鄭引之者欲見天子已下凡尸皆服死者大斂之遺衣其不服者以爲奠衣服者以鄭云象生也既言卒者上服則先王之尸服衮冕先公之尸服鷩冕也若然士爵弁以助祭祭宗廟服玄端而士虞特牲尸不服爵弁者爵弁是助祭諸侯廟中乃服之士尸還在士廟故尸還服玄端爲以服也曾子問云尸弁冕而

出卿大夫士皆下之注云弁冕者君之先祖或有爲大夫士者則是先君之先祖爲士尸服卒者上服不服玄端而服爵弁者爵弁本以助祭在君廟君先祖雖爲士今爲尸還在君廟中故服爵弁不服玄端

其廟則有司脩除之其祧則守祧黝堊之

廟祭此廟也祧祭遷主有司宗伯也脩除黝堊互言之有司恒主脩除守祧恒主黝堊鄭司農云黝讀爲幽幽黑也堊白也爾雅曰地謂之黝牆謂之堊○黝於糾反司農音幽堊烏路反或烏洛反本或作惡同

[疏]注廟祭至之堊○釋曰云廟祭此廟也者凡廟舊皆脩除黝堊祭更脩除黝堊示新之敬也今將祭而云脩除知祭此廟也云祧祭遷主者以遷主藏於祧故也案上司尊彝有追享鄭云追祭遷廟之主謂禱祈則此祭遷主之謂也云有司宗伯也者以其宗伯主立國祀又涖滌濯脩除亦是絜靜之事故知有司是宗伯爲之云脩除黝堊互言之者鄭以二者廟祧並有而經廟直言脩除祧直言黝堊故互而通之明皆有也以鄭云有司恒主脩除祧亦脩除之守祧恒主黝堊廟亦黝堊之先鄭讀黝爲幽幽是北方北方其色黑欲見地謂之黝取黑義也知堊是白者以其堊與幽黑白相對故知堊是白即掌蜃之白盛之蜃故引爾雅證之　既

祭則藏其隋與其服鄭司農云隋謂神前所沃灌器名玄謂隋尸所祭肺脊黍稷之屬藏之以依神○隋許恚反劉相恚反

疏注鄭司至依神○釋曰案特牲少牢及曾子問皆有脩祭之事今先鄭以隋爲神前沃灌器故後鄭不從也玄謂隋尸所祭肺脊黍稷之屬者案特牲禮祝命挼祭尸取菹擩于醢祭于豆間佐食取黍稷肺祭授尸尸祭之注云肺祭則肺是其隋者彼不言脊脊似誤所以誤有脊者特牲禮云佐食舉肺脊以授尸尸受振祭嚌之是以於此誤有脊但彼是尸食而舉者故有脊此隋祭不合有也云藏之以依神者此義與祭地埋之同故云依神也

世婦掌女宮之宿戒及祭祀比其具女宮刑女給宮中事者宿戒當給事豫告之齊戒也比次也具所濯摡及粢盛之爨鄭司農比讀爲庀庀具也○比本亦作庀鄭毗志反注及下同司農匹氏反劉芳美反沈又上二反

疏注女宮至具也○釋曰此世婦是宮卿之官也言女宮刑女給宮中之事者古者從坐男女沒入縣官男子爲奴隸女子入官給使役故云刑女也云宿戒當給事豫告之齊戒也者此亦祭

前十日戒之使齊祭前三日又宿之故宿戒並言知比具所濯概及粢盛之爨者濯概粢盛皆婦人之事二十七世婦職云帥女宮而濯概爲齍盛儀禮特牲云主婦視饎爨饎爨亦女宮之事故知也先鄭云庀庀具也者先鄭周禮內有比皆爲庀具釋之

詔王后之禮事薦徹之節○疏注薦徹之節○釋曰知此詔王后之禮事是薦徹之節者見外宗云爲王后薦徹豆籩故知詔告是薦徹籩豆之節

帥六宮之人共齍盛帥世婦女御○齍音咨下文同○疏注帥世婦女御○釋曰知帥六宮之人是世婦女御者案二十七世婦職云帥女宮爲齍盛女御職云凡祭祀贊世婦鄭注云助其帥涖女宮是以知齍盛世婦女御之事也

相外內宗之禮事同姓異姓之女有爵佐后者○相息亮反○疏注同姓至后者○釋曰鄭以同姓異姓之女有爵以解外內宗者序官云內宗凡內女之有爵者是同姓之女有爵又云外宗凡外女之有爵者是異姓之女有爵故知之也知相是佐后者外宗云佐后薦徹豆籩內宗云及以樂徹則佐傳豆籩注云佐外宗故知外內宗轉相佐后此官相之也

大賓客之饗食亦如之比帥詔相其事同○疏

大賓至如之○釋曰賓客饗食王后亦有助王禮賓之法故
內宰凡賓客之祼獻瑤爵皆贊注云謂王同姓及二王之後
來朝覲爲賓客者祼之禮亞王而禮賓獻謂王饗燕亞王獻
賓也瑤爵所以亞王酬賓也是其饗有后事也彼不言饗食
之禮亦當有后助王之事故此言之也○注比帥至事同○
釋曰此捴說上文四經所云比帥詔相言相取同其事則同
故云亦如之耳大喪比外內命婦之朝莫哭不敬者而
苛罰之苛譴也○莫音暮下同〔疏〕大喪至罰之○釋曰
苛胡何反譴棄戰反大喪謂王喪王喪則
殯後有朝夕哭事外命婦朝廷卿大夫士之妻內命婦
九殯已下以尊卑爲位而哭而有不敬者則呵責罰之凡
王后有撵事於婦人則詔相鄭司農云謂爵婦人
玄謂拜拜謝之也喪
大記曰夫人亦拜〔疏〕注鄭司至堂上○釋曰先鄭云謂爵
寄公夫人於堂上婦人者此經自以爲一義不達上大
喪之事言爵婦人者天子命其臣后亦命其婦是爵命婦人
也言王后有拜事於婦人謂受爵命之時有拜謝王后也後
鄭不從者上言大喪下言后之拜事則所拜者爲大喪而拜
故引喪大記爲證但喪大記所云者是諸侯之喪主人拜寄

公於門西夫人亦拜寄公夫人於堂上其寄公與主人體敵故也明知天子之喪世子亦拜二王後於堂下后亦拜二王後夫人於堂上可知是以僖公二十四年左氏傳云宋公過鄭鄭伯問禮於皇武子武子對曰宋於周爲客天子有事膰焉有喪拜焉謂王喪二王後來奔嗣王拜之明二王後夫人來弔后有拜法若然二王後夫人得有赴王喪者或夫人家在畿內來歸寧值王喪則弔赴也

凡內事有達於外官者世婦掌之主通之使相共授〔疏〕注主通至共授○釋曰王后六宮之內有徵索之事須通達於外官者世婦宮卿主通之使相共給付授之也

內宗掌宗廟之祭祀薦加豆籩加爵之豆籩故書爲籩豆鄭司農云謂婦人所薦杜子春云當爲豆籩〔疏〕內宗至豆籩○釋曰婦人無外事惟有宗廟祭祀薦加豆籩以豆籩是婦人之事故薦之○注加爵至豆籩○釋曰鄭知加豆籩是加爵之豆籩者以其食後稱加特牲少牢食後三獻爲正獻其後皆有加爵今天子禮以尸既食後亞獻尸爲加此時薦之故云加爵之豆籩即醢人籩人加豆加籩之實是也○

及以樂徹則佐傳豆籩佐傳佐外宗。傳，直專反，注同。〔疏〕注佐傳佐外宗〇釋曰鄭知佐外宗者見外宗云佐王后薦玉豆籩故云佐外宗也但籩豆后於神前徹之傳與外宗外宗傳與內宗內宗傳與外者故知佐傳也賓客之饗食亦如之王后有事則從大喪序哭者次序外內宗及命婦哭王〇從，才用反〔疏〕賓客至如之〇釋曰饗食賓客俱在廟饗食訖徹器與祭祀同亦后徹外內宗佐傳故云亦如之〇王后有事則從〇釋曰內宗於后有事皆從故於此摠結之也〇注次序至哭王〇釋曰知次序外內宗者見外宗云大喪則敘外內朝莫哭者故知所次序有外內宗也知有命婦者上世婦職已云大喪比外內命婦之朝莫哭者故序哭中有命婦也哭諸侯亦如之凡卿大夫之喪掌其弔臨王后弔臨諸侯而已是以言掌卿大夫云

〔疏〕哭諸侯亦如之〇釋曰此諸侯來朝薨於王國王爲之緦衰者也若檀弓云以爵弁純衣哭諸侯彼謂薨於本國王遥哭之則婦人不哭之婦人無外事故也〇注王后至大夫云〇釋曰云王后弔臨諸侯而已是以言掌卿大夫云者

諸侯爲賓王后弔臨之卿大夫已臣輕故王后不弔故遣內宗掌弔臨之事明爲后掌之若然天官世婦云掌弔臨于卿大夫之喪者彼爲王故彼注云王使往弔也此后不弔臨大夫之喪案喪大記諸侯夫人弔臨卿大夫者諸侯臣少故也

外宗掌宗廟之祭祀佐王后薦玉豆眂豆籩及以樂徹亦如之眂視其實〔疏〕外宗至如之○釋曰云佐王后薦玉豆者凡王之豆籩皆玉飾之餘文豆籩不云玉者文畧皆有玉可知若然直云薦豆不云籩者以豆云玉畧籩不言義可知也云眂豆籩者謂在堂東未設之時眂其實也云及以樂徹亦如之者亦佐后也猶仍有內宗佐傳也

王后以樂羞齍則贊贊猶佐也○齍音咨〔疏〕王后至則贊○釋曰羞進也齍黍稷也后進黍稷之時依樂以進之言則贊者亦佐后進之案九嬪職云凡祭祀贊玉齍贊后薦徹豆籩則薦徹俱言玉齍玉敦盛黍稷言贊不言薦徹則后薦而不徹也其徹諸官爲之故楚茨詩云諸宰君婦廢徹不遲黍稷宰徹之若然豆籩與齍此官已贊九嬪又贊者以籩豆及黍稷器多故諸官共贊

凡王后之獻亦如之獻獻酒於尸〔疏〕

注獻獻酒於尸○釋曰云獻獻酒於尸者則朝餞饋獻及王酳尸以食後酳尸亦是獻獻中可以兼之亦贊可知也 疏注后有至

后不與則贊宗伯 后有故不與祭宗伯攝其事○與音預注同

釋曰案宗伯云凡大祭祀王后不與則攝而薦徹豆籩若然宗伯并直攝其祼獻而已於后有事豆籩及簠簋等盡攝之耳

小祭祀掌事賓客之事亦如之 小祭祀謂在宮中

疏注小祭至宮中○釋曰知小祭祀謂在宮中者以其后祀無外事故知謂宮中宮中小祭祀則祭法王立七祀七祀之中行中霤司命大厲是外神后不與惟有門戶竈而已案小司徒云小祭祀奉牛牲注云小祭祀王玄冕所祭者彼兼外神故以玄冕該之也云賓客之事亦如之者饗食亦掌事如小祭祀也

大喪則敘外內朝莫哭者哭諸侯亦如之 內內外宗及外命婦

疏注內內至命婦○釋曰經直云外內鄭云內外宗及外命婦則內中以兼外宗外中不兼內命婦也經不云內外宗內外命婦者意欲見內是內宗舉內以見外其外中則不得舉外以見內以其內命婦九嬪敘之也故九嬪職云大喪帥敘哭者注云后哭衆乃

哭是内命婦九嬪敘之故鄭亦不言内命婦也

附釋音周禮注疏卷第二十一

秦鑑原氏宣旬校正

南昌府學開雕 江西督糧道王賡言捐刻 吳縣學生員陸燮

知南昌府張敦仁署鄱陽縣候補知州周澍棻

周禮注疏卷二十一挍勘記　阮元撰盧宣旬摘錄

附釋音周禮注疏卷第二十一

典命

此乃臣之儀也　補鏜云乃下疑脫諸

則爲二伯分陜者也　監本陜作陝○按从二入合說文

自外雖是周之同族　閩本同監毛本之誤公

其士一命　余本閩監毛本同唐石經岳本嘉靖本一作壹下同當據正

廊中無相　補鏜云廟誤廊

當執圭璋也　惠挍本同閩監毛本執改以

此命卿亦是夏殷法　監本亦字空缺

五等諸侯同 閩本同監毛本同誤國

爲三命命疑矣 按下命字疑衍

卽有貳車 閩監毛本貳改二非

司服

祭社稷五祀則希冕 唐石經諸本同釋文希冕本又作絺

毳罽衣也 記 余本嘉靖本同釋文亦作罽衣閩監毛本作罽

希讀爲絺或作黹字之誤也 賈疏引書注鄭君讀希爲黹 黹紩也漢讀考據此謂當云希讀爲黹或作絺字之誤也以作絺爲字誤鄭所不從也 下文希以希刺二希皆當作黹

今尊其祭服 閩監毛本今誤令

天作詩曰祫之祭禮 閩監毛本禮誤祀

謂刺繒爲黹次　毛本繒誤繪○按刺當作刺七迹切凡注疏中刺繡字同此

以有兩翼即曰鳥　閩監毛本即改則

今時伍伯緹衣　余本嘉靖本同閩監毛本伍改五按賈疏引注作伍伯云伍行也伯長也然則今本作五伯非

故書弁作絣　毛本絣誤絣

鄭司農絣讀爲弁而加環經　宋本嘉靖本疊弁字

云佗國之臣則皮弁者　閩監毛本佗誤陀

爲其妻出則不弔　浦鏜云服誤弔

衰在內　閩監毛本同誤也余本嘉靖本衰作哀當據以訂正下衰在外同○今訂正

大荒饑饉也　余本嘉靖本同閩監毛本饑作飢賈疏引注亦作飢非○按作饑則合於說文字指

士之衣袂此本及監本袂誤袂今訂正

大夫已上侈之葉抄釋文作以上移之

惟在周公又王廟中閩監毛本同此本缺一頁浦鏜云文誤又○缺頁今補

不得申上服之意也宋本申作由

則此奠衣服也者浦鏜云也者蓋誤倒按疑作是也

所藏於椁中者閩本同監毛本椁改槨

典祀

掌其政令余本閩本同疏標起訖亦云典祀至政令唐石經嘉靖本監毛本作禁令按釋曰掌其禁令者謂遮列不得有人來入域中故云禁令則賈本亦爲禁令此作政誤

典祀至政令閩本同監毛本改禁令是也

芟掃之徵召也 宋本嘉靖本掃作埽此從手者俗作

守祧

注守祧至諸侯 閩監毛本守祧改廟謂是也○今依訂正

士虞記文 閩監毛本記誤禮

黝讀爲幽幽黑也 諸本同漢讀考謂當作幽讀爲黝黝黑也以上經注黝字皆當作幽○按此亦以注改經復以經改注之一

又溢滌濯 惠按本同閩監毛本溢改謂非

祝命挼祭尸取菹㮚于醢 閩監毛本祝誤祀閩監毛本挼誤授按㮚爲擩之誤

世婦

比其具 釋文比本亦作庀按注云比次也又司農讀爲庀庀具也作庀非

具所濯摡及粢盛之爨余本岳本嘉靖本同閩監毛本摡作溉非疏同

比帥詔相其事同〇閩本岳本嘉靖本同閩監毛本比誤此按比帥詔相上文四事也

凡王后有擠事於婦人余本同唐石經嘉靖本擠作擠當據正閩本作摻監毛本作摻皆誤

得有赴王喪者此本王字剜擠閩監毛本遂排入

內宗

佐王后薦玉豆籩閩監毛本玉誤王

故於此摠結之也惠挍本同閩監毛本於改以

外宗

注

視視其實余本嘉靖本同閩監毛本上視作眡〇按注易經古字爲今字則弟一字已改淺人乃以經改

凡祭祀贊玉齍　閩監毛本玉誤王

獻獻酒於尸　閩監毛本同余本嘉靖本於改于非

注獻獻酒於尸〇釋曰　閩本同監毛本脱上六字

周禮注疏卷二十一校勘記終

南昌袁泰開校

附釋音周禮注疏卷第二十二

鄭氏注　賈公彥疏

冢人掌公墓之地，辨其兆域而爲之圖。先王之葬居中，以昭穆爲左右。公君也。圖謂畫其地形及丘壟所處而藏之。先王造塋者，昭居左，穆居右，夾處東西。○夾，古洽反，劉古協反。○疏注公君至東西○釋曰：訓公爲君者，言公則諸侯之通稱，言君則上通天子，此既王之墓域，故訓爲君也。云圖謂畫其地形及丘壟所處而藏之者，謂未有死者之時，先畫其地之形勢，豫圖出其丘壟之處。丘壟之言，即下文丘封是也。既爲之圖，明藏掌，後須葬者，依圖置之也。云先王造塋者，但王者之都有遷徙之法，若文王居豐，武王居鎬，平王居於洛邑，所都而葬，即是造塋者也。若文王在豐，葬於畢，子孫皆就而葬之，即以文王居中，文王弟當穆，則武王爲昭居左，成王爲穆居右，康王爲昭居左，昭王爲穆居右，已下皆然。至平王東遷，死葬即又是造塋者，子孫據昭穆夾處東西。若然，兄死弟及俱爲君，則以兄弟爲昭穆，以其弟已爲臣，臣子一列則如父子故別昭穆也必知義然者案文二年秋八月大事于大廟躋僖公謂以惠公當昭隱公爲穆桓公爲昭莊公爲穆閔公爲昭僖公爲穆今升僖公於閔公之上爲昭閔公爲穆故云逆祀也知不以兄弟同昭位升僖公於閔公之上爲逆祀者案定公八年經云從祀先公傳曰順祀先公而祈焉若本同倫以僖公升於閔公之上則以後諸公昭穆不亂何因至定八年始云順祀乎明本以僖閔昭穆別故於後皆亂也若然兄弟相事後事兄爲君則昭穆易可知但置塋以昭穆夾處與置廟同也○

凡諸侯居左右以前卿大夫士居後各以其族

子孫各就其所出王以尊卑處其前後而亦併昭穆○併薄泠反○

疏 凡諸侯居至其族○釋曰言凡者以其非一故并卿大夫以凡之此因上而言以其王之子孫皆適爲天子庶爲諸侯卿大夫士若出封畿外爲諸侯卿大夫士者因彼國葬而爲造塋之主今言諸侯卿大夫士者謂上文先王子孫爲畿內諸侯王朝卿大夫士死者則居先王前後之左右言居左右者若父爲天王是昭則子爲穆居右若父是穆則子爲昭居左爲卿大夫居後亦然但昭穆不定故左右俱言謂一父之前後左右並有也云各以其族者謂次第假令同昭穆兄當近王墓

弟則遠王墓爲次第諸侯言左右卿大夫士下云各以其族互相通也○注子孫至昭穆○釋曰言子孫者據造塋者所生爲子已後左右王之所生累世皆是孫言以尊卑處其前後者尊謂諸侯卑謂卿大夫士云亦併昭穆者謂兄弟同倫當昭自與昭併當穆自與穆併不謂昭穆併有也○**凡死於兵者不入兆域**戰敗無勇投諸塋外以罰之○（疏）注戰敗至罰之○釋曰曲禮云死寇曰兵注云當饗祿其後即下文云凡有功者居前是也此是戰敗故投之塋外罰之也○**凡有功者居前**居王墓之前處昭穆之中央○（疏）注居王至中央○釋曰云居前則不問爲諸侯與卿大夫士但是有功則皆得居王墓之前以表顯之也此則曲禮云死寇曰兵兼餘功若司勳王功事功國功之等皆是也言處昭穆之中央者上云諸侯居左右已前即是昭居左穆居右今云昭穆之中央謂正當王冢前由其有功故特居中顯異之也**以爵等爲丘封之度與其樹數**別尊卑也王公曰丘諸臣曰封漢律曰列侯墳高四丈關內侯以下至庶人各有差○別彼列反（疏）以爵至樹數○釋曰此文自王已下皆有而云爵等爲丘封之度則天子亦是爵號也雖

云度與樹數天子已下無差次之文○注別尊至有差○釋曰云別尊卑尊者丘高而樹多卑者封下而樹少故云別尊卑也鄭知王公曰丘諸臣曰封者此無正文爾雅云土之高者曰丘高丘曰阜是自然之物故屬之王公也聚土曰封人所造故屬之諸臣若然則公中可以兼五等也鄭引漢律者周禮丘封高下樹木之數無文以漢法況之也若然案春秋緯云天子墳高三刃樹以松諸侯半之樹以柏大夫八尺樹以藥草士四尺樹以槐庶人無墳樹以楊柳鄭不引之者以春秋緯或說異代多與周禮乖故不引或鄭所不見也王制云庶人不封不樹而春秋緯云庶人樹以楊柳者以庶人禮所不制故樹楊柳也

大喪既有日請度甫竁遂爲之尸甫始也請量度所始竁之處地爲尸者成葬爲祭墓地之尸也鄭司農云既有日既有葬日也始竁時祭以告后土冢人爲之尸○度待洛反注量度同【疏】大喪至之尸○釋曰大喪謂王喪有日謂葬日天子七月而葬葬用下旬云請度甫竁者謂冢人請於冢宰量度始穿地之處也言遂爲尸者因事曰遂初請量度至葬訖祭墓故冢人遂爲尸也○注甫始至之尸○釋曰先鄭以遂爲之尸據始穿時祭墓地冢人爲之尸後鄭據始穿時無祭事至葬訖成墓乃始祭墓故冢人

爲尸不從先鄭者見小宗伯云卜葬兆甫竁哭之又云既葬詔相喪祭之禮喪祭謂虞祔下乃云成葬而祭墓爲位據彼文則初穿地時無祭墓地之事葬訖乃有祭墓地即此遂爲之尸一也故後鄭不從先鄭若然引之在下者小宗伯雖無初一祭墓地之事亦得通一義故引之在下

及竁以度爲丘隧共喪之窆器　隧羨道也度丘與羨道廣袤所至窆器下棺豐碑之屬喪大記曰凡封用綍去碑負引君封以衡大夫以咸○窆彼驗反又補鄧反去起呂反咸本又作緘同古緘反○

疏　及竁至窆器○釋曰上經已甫竁祭墓訖此經復云及竁以度爲丘隧者此更本初欲竁之時先量度作丘作隧道之處廣狹長短故文重耳○注隧羨至以咸○釋曰以案僖二十五年左傳云晉文公請隧不許王曰未有代德而有二王則天子有隧諸侯已下有羨道隧與羨異者隧道則上有負土謂若鄭莊公與母掘地隧而相見者也羨道上無負土若然隧與羨別而鄭云隧羨道者對則異散則通故鄭舉羨爲況也云下棺豐碑之屬者此按檀弓公肩假云公室視豐碑三家視桓楹鄭注云豐碑大也天子斲大木爲碑形如石碑前後重鹿盧是大碑之事言之屬者有六綍之等故引喪大記也凡封者封謂窆謂下棺云執綍去碑負引者謂天子

千人分執六紼諸侯五百人分執四紼其棺當於壙上執紼者皆負紼背碑以鼓爲節而下之云君封以衡大夫以咸者衡橫也謂以木橫之於棺傍乃以紼繫木下棺大夫以咸者大夫卑不得以木橫之直有棺傍咸耳以紼繫之而下棺也彼諸侯及大夫法但天子無文故引之以爲證天子之法耳

及葬言鸞車象人

鸞車巾車所飾遣車也亦設鸞旗鄭司農云象人謂以芻爲人言言問其不如法度者玄謂言猶語也語之者告當行若於生存者於是巾車行之孔子謂爲芻靈者善謂爲俑者不仁非作象人者不殆於用生乎○巾如字劉居覲反語魚據反下同俑音勇

〔疏〕及葬至象人○釋曰及至也謂至葬冢人語巾車之官將明器鸞車及象人使行向壙○注鸞車至生乎○釋曰云鸞車巾車所飾遣車也者巾車職云大喪飾遣車遣車則明器遣送死者之車也云亦設鸞旗者以其遣車有鸞和之鈴兼有旌旂經直云鸞車不言鸞旗故鄭言之以其於旗在車所建故知有車亦有旗先鄭云象人謂以芻爲人者後鄭不從以其上古有芻人至周不用而用象人則象人與芻靈別也云言問其不如法度者此後鄭亦不從則以其臨葬不得始問其不如法度玄謂語之者告當行若於生存者於是巾車行之者遣車之數依檀弓云諸侯七乘大

大五乘鄭云天子九乘遣車所載所苞大遣奠大夫苞五个諸侯七个天子當九个令向壙巾車抱之而行也云孔子謂爲芻靈者善謂爲俑俑者不仁非作象人者不殆於用生乎者此檀弓文彼鄭云俑偶人也謂以爲木人與生人相對偶有似於人此則不仁又云非作象人不殆於用生乎哉是記人釋孔子語殆近也言用象人不近於生人乎是孔子善古而非周人也鄭引此者欲破先鄭以芻靈與象人爲一若然則古時有塗車芻靈至周仍存塗車唯改芻靈爲象人○**及窆執斧以涖**臨下棺也○涖音利又音類○〔疏〕及窆執斧以涖○釋曰案鄉師云執斧以涖匠師則此亦臨匠師兩官俱臨者葬事大故二官共臨也○**遂入藏凶器**凶器明器〔疏〕注凶器明器○釋曰因上文窆之下棺訖即遂入壙藏明器明器即檀弓云木不成斲瓦不成味琴瑟張而不平竽笙備而不和神明死者之器者也**正墓位蹕墓域守墓禁**位謂上封所居前後也禁所爲塋限〔疏〕正墓至墓禁○釋曰墓位即上文昭穆爲左右是須正之使不失本位墓域即上文兆域是也謂四畔溝兆蹕謂止行人不得近之守墓禁謂禁制不得漫入也○注位謂至塋限○釋曰云上封所居前後者即上文爲諸

侯及有功者居前爲卿大夫士者居後是也云禁所爲塋限者謂禁者以塋域爲限而禁之○凡祭墓爲尸祭墓爲尸或禱祈焉鄭司農云爲尸冢人爲尸〈疏〉注祭墓至爲尸○釋曰後鄭知此祭墓爲禱祈者上文遂爲尸是墓新成祭后土此文云凡非一故知謂禱祈也先鄭云爲尸冢人爲尸者上文祭墓謂始穿地時此文據成墓爲尸後鄭以此亦得通一義故引之在下是以禮記檀弓云有司舍奠於墓左彼是成墓所祭亦引此凡祭墓爲尸證成墓之事也○凡諸侯及諸臣葬於墓者授之兆爲之蹕均其禁〈疏〉凡諸至其禁○釋曰上文唯見王及子孫之墓地不見同姓異姓諸侯之墓地故此經揔見之若然此墓地舊有兆域今新死者隨即授之耳

墓大夫掌凡邦墓之地域爲之圖凡邦中之墓地萬民所葬地〈疏〉注凡邦至葬地○釋曰鄭知邦中之墓地是萬民葬地者以其冢人掌王墓地下文云令國民族葬非有爵者故知經邦墓是萬民若然下云掌其度數鄭云度數爵等之大小而見有爵者謂本爲庶人設墓其有子孫爲卿大

夫士其葬不離父祖故兼見卿大夫士也令國民族葬而掌其禁令族葬各從其親（疏）注族葬各從其親○釋曰經云族葬則據五服之內親者共爲一所而葬異族即別塋知族是五服之內者見左傳哭諸之例云異姓臨於外同姓於宗廟同宗於祖廟同族於禰廟故知族是服內是以鄭云各從其親也正其位掌其度數位謂昭穆也度數爵等之大小（疏）注位謂至大小○釋曰凡萬民墓地亦如上文豫有昭穆爲左右故云正其位云度數爵等之大小者亦如冢人云丘封之度與其樹數也○使皆有私地域古者萬民墓地同處分其地使各有區域得以族葬後相容○（疏）注古者至相容○釋曰知古者墓地同處者上文云族葬是同處云使相容者釋經私地域也凡爭墓地者聽其獄訟爭墓地相侵區域○帥其屬而巡墓厲居其中之室以守之厲塋限遮列處鄭司農云居其中之室有官寺在墓中○（疏）帥其至守之○釋曰云帥其屬者墓大夫帥下屬官也云巡墓厲者謂墓大夫帥其屬巡行遮列之處云居其中之室以守之者謂

萬民墓地族葬地中央爲室而萬民各自守之注先鄭云官寺寺則室也

職喪掌諸侯之喪及卿大夫士凡有爵者之喪以國之喪禮涖其禁令序其事國之喪禮喪服士喪既夕士虞今存者其餘則亡事謂小斂大斂葬也○〔疏〕職喪至其事○釋曰言諸侯者謂畿內王子母弟得稱諸侯者若司裘云諸侯共熊侯豹侯者也言凡有爵者還是卿大夫士言凡以該之耳云序其事者謂若襲斂殯葬先後之事○注國之至葬也○釋曰云國之喪禮喪服士喪既夕士虞今存者此據儀禮之內見在者而言故云今存者但士喪禮始死時事既夕葬時事士虞葬訖及日中而虞事也云其餘則亡者但儀禮本事義三千條其時有天子諸侯卿大夫士喪與既夕及虞卒哭與祔小祥大祥禮皆有遭暴秦而亡漢興唯得十七篇高堂生所傳即今儀禮是也故云其餘則亡云事謂小斂大斂葬也者舉大事而言其間仍有襲事亦掌之下文別見祭故此不兼也

凡國有司以王命有事焉則詔贊主人有事謂含襚贈賵之屬詔贊者以告主人

佐其受之鄭司農云凡國謂諸侯國有司謂王有司也以王命有事職喪主詔贊主人玄謂凡國有司有司從王國以王命往○賵芳鳳反○【疏】注有事至命往○釋曰知有事謂含襚賵之屬者春秋云王使榮叔歸含且賵又兩小傳皆言衣被曰襚貨財曰賻車馬曰賵珠玉曰含明知有含襚賵賻之屬又案士喪禮兼有贈賵無常惟玩好是也不言賻者賻施於生者故亦不言也先鄭云凡國謂諸侯國有司謂王有司也後鄭不從者下文云公有司豈得公分之爲諸侯有司爲王有司乎明此國有司亦不得分之也故後鄭云國有司有司從王國以王命往向喪家者也

凡其喪祭詔其號治其禮鄭司農云號謂諡號玄謂告以牲號齍號之屬當以祝之○齍音咨【疏】凡其至其禮○釋曰喪祭餘文皆爲虞此言凡者以其喪中自相對則虞爲喪祭卒哭爲吉祭若對二十八月爲吉祭則祥禫已前皆是喪祭故言凡以該之是以鄭亦不言喪祭爲虞也云治其禮者案大宗伯亦云治其禮鄭云謂簡習其事此治其禮義亦然也○注鄭司至祝之○釋曰先鄭云號謂諡號後鄭不從者小宗伯云小喪賜諡讀誄不在此故後鄭云告以牲號齍號之屬當以祝之有牲號齍號謂若特牲少牢云柔毛剛鬣嘉薦普淖皆是祝辭故云當

以祝之也

凡公有司之所共職喪令之趣其事 令令其當共物者給事之期也有司或言公或言國言國者由其君所來居其官曰公謂王遣使奉命有贈之物各從其官出職喪當催督也［疏］注令令至督也○釋曰云令令其當供物者給事之期也者此謂諸官依法合供給喪家者不待王命職喪依式令之使相供云有司或言公或言國言國者出其君所來者解稱國之意君則王也云居其官曰公者謂不須王命自居其官之職往供則曰公公謂官之常職也

春官宗伯下

大司樂掌成均之灋以治建國之學政而合國之子弟焉 鄭司農云均調也樂師主調其音大司樂主受此成事已調之樂玄謂董仲舒云成均五帝之學成均之法者其遺禮可法者國之子弟公卿大夫之子弟當學者謂之國子文王世子曰於成均以及取爵於上尊然則周人立此學之宮［疏］大司至弟焉○釋曰云掌成均之法以治建國之學政者成均五帝學名建立

也周人以成均學之舊法式以立國之學內政教也云而合
國之子弟焉者大司樂合聚國子弟將此以教之○注鄭司
至之宮○釋曰先鄭云均調也樂師主調其音大司樂主受
此成事已調之樂者案樂師惟教國子小舞大司樂教國子
大舞其職有異彼樂師又無調樂音之事而先鄭云樂師主
調其音大司樂主受其成事義理不可且董仲舒以成均爲
五帝學故依而用之玄謂董仲舒云成均五帝之學者前漢
董仲舒作春秋繁露繁多露潤爲春秋作義潤益處多彼云
成均五帝學也云成均之法者其遺禮可法者鄭見經掌成
均之法即是有遺禮可法效乃可掌之故知有遺禮也云國
之子弟公卿大夫之子弟當學者謂之國子者案王制云王
大子王子公卿大夫元士之適子國之俊選皆造焉此不言
王大子王子公與元士之子及俊選者引文不具此云弟者則
王子是也自公以下皆適子乃得入也云云文王世子曰於成
均以及取爵於上尊者案彼文上云或以德進或以事舉或
以言揚又云曲藝皆誓之以待又語三而一有焉乃進其等
注云進於衆學者又云以其序謂之郊人遠之於成均以及
取爵於上尊也彼鄭注云董仲舒曰五帝名大學曰成均則
虞庠近是也天子飲酒於虞庠則郊人亦得酌於上尊以相
旅鄭引之者證成均是學意若如先鄭以義解之何得於中

飲酒故知先鄭之義非也云然則周人立此學之宮者即虞庠之學是也若然案王制有虞氏名學爲上庠下庠至周立小學在西郊者曰虞庠堯已上當代學亦各有名無文可知但五帝總名成均當代則各有別稱謂若三代天子學總曰辟雍當代各有異名也

凡有道者有德者使教焉死則以爲樂祖祭於瞽宗道多才藝者德能躬行者若舜命夔典樂教冑子是也死則以爲樂之祖神而祭之鄭司農云瞽樂人樂人所共宗也或曰祭於瞽宗祭於廟中明堂位曰瞽宗殷學也泮宮周學也以此觀之祭於學宮中○瞽音古夔求龜反冑子音育本亦作胄泮音判本亦作頖同

疏注道多至宮中○釋曰經直言道鄭知是多才藝者以其云道通物之名是已有才藝通教於學子故知此人多才藝耳但才藝與六藝少別知者見雍也云求也藝鄭云藝多才藝又憲問云冉求之藝文之以禮樂禮樂既是六藝明上云藝非六藝也此教樂之官不得以六藝解之故鄭云道多才藝也云德能躬行者案師氏注德行外內之稱在心爲德施之爲行彼釋三德三行爲外內此云德能躬行則身內有德又能身行尚書傳說云非知之艱行之惟艱則此人非直能知亦能身行故二者皆使教焉死則

以爲樂之祖神而祭之先鄭云瞽樂人者序官上瞽中瞽下瞽皆是瞽矇掌樂事故云瞽樂人樂人所共宗也云或曰祭於瞽宗祭於廟中者此說非故引明堂位爲證是殷學也祭樂祖必於瞽宗者案文王世子云春誦夏弦大師詔之瞽宗以其教樂在瞽宗故祭樂祖還在瞽宗雖有學干戈在東序以誦弦爲正文王世子云禮在瞽宗書在上庠鄭注云學禮樂於殷之學功成治定與已同則學禮樂在瞽宗祭禮先師亦在瞽宗矣若然則書在上庠書之先師亦祭於上庠其詩則春誦夏弦在東序則祭亦在東序也故鄭注文王世子云禮有高堂生樂有制氏詩有毛公書有伏生億可以爲之也是皆有先師當祭可知也祭義云祀先賢於西學所以教諸侯之德是天子親祭之不見祭先聖者文不備祭可知

以樂德教國子中和祗庸孝友中猶忠也和剛柔適也祗敬庸有常也善父母曰孝善兄弟曰友○疏以樂至孝友○釋曰此必使有道有德者教之此是樂中之六德與教萬民者少別○注中猶至曰友○釋曰此六德其中和二德取大司徒六德之下孝友二德取大司徒六行之上其祗庸二德與彼異自是樂德所加也云中猶忠也和剛柔適也注大司徒與此同祗敬庸有常也並訓而見其義也善父母曰孝善兄弟曰

友爾雅釋訓文也○以樂語教國子興道諷誦言語興者以善物喻善事道讀曰導導者言古以劍今也倍文曰諷以聲節之曰誦發端曰言荅述曰語○興道許應反劉虛甑反注同下音導諷方鳳反劉古愛反劉古哀反倍音佩【疏】注興者至曰語○釋曰此亦使有道有德教之云興者以善物喻善事者謂若老狼興周公之輩亦以惡物喻惡事不言者鄭舉一邊可知云道讀曰導者取導引之義故讀從之云導者言古以劍今也者謂若詩陳古以刺幽王厲王之輩皆是云倍文曰諷者謂不開讀之云以聲節之曰誦者此亦皆背文但諷是直言之無吟詠誦則非直背文又爲吟詠以聲節之爲異文王世子春誦注誦謂歌樂歌樂即詩也以配樂而歌故云歌樂亦是以聲節之襄二十九年季札請觀周樂而云爲之歌齊爲之歌鄭之等亦是不依琴瑟而云歌此皆是徒歌曰謌亦得謂之歌若依琴瑟謂之歌即毛云曲合樂曰歌是也云發端曰言答述曰語者詩公劉云于時言言于時語語毛云直言曰言答述曰語許氏說文云直言曰論答難曰語論者語中之別與言不同故鄭注雜記云言言己事爲人說爲語以樂舞教國子舞雲門大卷大咸大磬大

夏大濩大武此周所存六代之樂黃帝曰雲門大卷黃帝能成名萬物以明民共財言其德如雲之所出民得以有族類大咸咸池堯樂也堯能殫均刑法以儀民言其德無所不施大磬舜樂也言其德能紹堯之道也大夏禹樂也禹治水傅土言其德能大中國也大濩湯樂也湯以寬治民而除其邪言其德能使天下得其所也大武武王樂也武王伐紂以除其害言其德能成武功○大卷大劉皆音泰咸如字卷音權又卷勉反又居遠反沇又居勉反磬上昭反濩戶故反共音恭殫時戰反傳音孚或音附邪似嗟反

疏 以樂至大武○釋曰此大司樂所教是大舞樂師所教者是小舞案內則云十三舞勺成童舞象舞象謂戈皆小舞○又云二十舞大夏即此六舞也特云大夏者鄭云樂之文武中其實六舞皆樂也保氏云教之六樂二官共教者彼教以書此教以舞故共其職也○注此周至武功○釋曰案下文以六舞云大合樂明此舞是六代樂必知此六舞雲門已下是黃帝堯舜夏殷周者並依樂緯及元命包彼云雲門黃帝樂以下及堯舜等皆陳故知黃帝已下也云黃帝曰雲門大卷黃帝能成名萬物以明民共財者祭法文彼云百物不云萬物萬物即百物云言其德如雲之所出民得以有族類者鄭釋此雲門大卷二名云德如雲之所出解雲門云

民得以有族類解大卷卷者卷聚之義即族類也故祭法云正名百物以明民是也云大咸咸池堯樂也堯能殫均刑法以儀民者祭法文彼云義終此云儀民引其義不引其文云言其德無不施者解咸池之名咸皆也池施也言堯德無所不施者案祭法注云賞賞善謂禪舜封禹稷等也義終謂旣禪二十八載乃死是也云大磬舜樂也言其德能紹堯之道也者元命包云舜之民樂其紹堯之業樂記云韶繼也注云言舜能繼紹堯之德是也云大夏禹樂也禹治水傅土言其德能大中國也者案禹貢云敷土敷布也布治九州之水土是敷。土之事也樂記云夏大也注云禹樂名禹能大堯舜之德大中國即是大堯舜之德也元命包云禹能德並三聖德並三聖即是大堯舜之德亦一也云大濩湯樂也湯以寬治民而除其邪者亦祭法文彼云除其虐虐即邪亦一也或本作邪也云言其德能使天下得其所也者言護者即救護也救護使天下得其所也云大武武王樂也武王伐紂以除其害者亦祭法文彼云災災即害一也云言其德能成武功者此即克定禍亂曰武也案元命包云文王時民樂其興師征伐故曰武又詩云文王受命有此武功如是則大武是文王樂名而云武王樂者但文王有此武功不卒而崩武王卒其伐功以誅虐紂是武王成武功故周公作樂以大武為武王樂也案樂記云大章章之也注云堯樂名也周禮闕之或作大卷又云咸池備矣注云黃帝所作樂名也堯增脩而用之周禮曰大咸與此經注樂名不同者本黃帝樂名曰咸池以五帝殊時不相沿樂堯若增脩黃帝樂體者存其本名猶曰咸池則此大咸也若樂體依舊不增脩者則改本名名曰大章故云大章堯樂也周公作樂更作大卷大卷則大章。章名雖堯樂其體是黃帝樂故此大卷一。爲黃帝樂也周公以堯時存黃帝咸池爲堯樂名則更與黃帝樂名立名名曰雲門則雲。與大卷爲一名故下文分樂而序之更不序大卷也必知有改樂名之法者按條牒論云班固作漢書高帝四年作武德之樂又云高帝廟中奏武德文始注云舜之韶舞名奏始皇二十六年改名五行舞注云五行本周舞高帝六年改名文始五行之舞案此知有改樂之法也案孝經緯云伏犧之樂曰立基神農之樂曰下謀祝融之樂曰屬續又樂緯云顓頊之樂曰五莖帝嚳之樂曰六英注云能爲五行之道立根莖六英者六合之英皇甫謐曰少昊之樂曰九淵則伏犧已下皆有樂今此惟存黃帝堯舜禹湯者案易繫辭云黃帝堯舜垂衣裳鄭注云金天高陽高辛遵黃帝之道無所改作故不述焉則此所不存者義亦然也然鄭惟據五帝之中而言則三皇之樂不存者以質故也 以六律六

同五聲八音六舞大合樂以致鬼神示以和邦國以諧萬民以安賓客以說遠人以作動物

六律合陽聲者也六同合陰聲者也此十二者以銅爲管轉而相生黃鍾爲首其長九寸各因而三分之上生者益一分下生者去一焉國語曰律所以立均出度也古之神瞽考中聲而量之以制度律均鍾言以中聲定律以律立鍾之均大合樂者謂徧作六代之樂以冬日至作之致天神人鬼以夏日至作之致地祇物鬽動物羽贏之屬虞書云夔曰戛擊鳴球搏拊琴瑟以詠祖考來格虞賓在位羣后德讓下管鼗鼓合止柷敔笙鏞以閒鳥獸鎗鎗簫韶九成鳳皇來儀夔又曰於予擊石拊石百獸率舞庶尹允諧此其於宗廟九奏效應○說音悅長如字上生時掌反後上生皆同去一起呂反下文去樂及注同度待洛反徧音遍鬽眉冀反贏力果反下贏物同戛居八反劉古八反球音求搏音博拊方甫反鼗徒刀反柷昌六反敔本又作梧魚呂反閒閒厠之閒瞻本又作蹌七羊反於予上如字劉音烏丁羊汝反應應對之應後皆同不更音○

〔疏〕以六至動物○釋曰鄉來說大司樂教國子以樂自此已下論用樂之事也云以六律六同者此舉

十二管以表其鍾樂器之中不用管也云大合樂者據薦腥之後合樂之時用之也此所合樂即下云若樂六變若樂八變若樂九變之等彼據祭天下神此據正祭合樂若然合樂在下神後而文退下神樂在後者以下神用一代樂此用六代六代事重故進之在上若然下神不亞合樂而隔分樂之後者以分樂序之皆用一代此三禘下神亦用一代若不隔分樂恐其相亂且使一變二變之等與分樂所用樂同故三神在下也云以致鬼神示者是據三禘而言云以和邦國已下亦據三禘之祭各包此數事故鄭引虞書以證宗廟○注六律合陽聲者也至奏效應○釋曰云六律合陽聲者也六同合陰聲者也者案大師云掌六律六同以合陰陽之聲是以據而言焉云此十二者以銅爲管者案典同先鄭云陽律以竹陰律以銅後鄭云皆以銅爲與此注義同也云轉而相生巳下據律歷志而言子午巳東爲上生子午巳西爲下生上生爲陽陽主息故三分益一巳下生爲陰陰主減故三分去一案律歷志黃鍾爲天統律長九寸林鍾爲地統律長六寸大簇爲人統律長八寸又云十二管相生皆八八上生下生盡於中呂陰陽生於黃鍾始於左旋八八爲位者假令黃鍾生林鍾是歷八辰自此巳下皆然是八八爲位蓋象八風也國語者案彼景王將鑄無射問律於伶州鳩鳩對曰律所以

立均出度古之神瞽考中聲而量之以制度律均鍾百官執義鄭引之者欲取以六律六同均之以制鍾之大小須應律同也故鄭云言以中聲定律以律立鍾之均也云中聲謂上生下生定律之長短度律以律計自倍半而立鍾之均均即是應律長短者也云大合樂者謂徧作六代之樂者此經六樂即上六舞故知徧作六代之樂言徧作樂不一時俱爲待一代訖乃更爲故云徧作也云以冬日作之至物彤皆神仕職文案彼注致人鬼於祖廟致物彤於墠壇蓋用祭天地之明日若然此經合樂據三禘正祭天而引彼大地之小神及人鬼在明日祭之者但彼明日所祭小神用樂無文彼神既多合樂之時當與此三禘正祭合樂同故彼此文同稱致但據彼正祭祭天地大神無宗廟之祭祭天明日兼祭人鬼與此爲異也云動物羽蠃之屬者鄭不釋邦國之等直釋動物者以尚書不言動物故釋訖乃引尚書鳥獸之等證之也虞書者案古文在舜典是舜祭宗廟之禮案彼鄭注戛櫟也戛擊鳴球已下數器鳴球即玉磬也搏拊以韋爲之裝之以糠所以節樂云以詠者謂歌詩也云祖考來格者謂祖考之神來至也云虞賓在位者謂舜以爲賓即二王後丹朱也云羣后德讓者謂諸侯助祭者以德讓已上皆宗廟堂上之樂所感也云下管鼗鼓已下謂舜廟堂下之樂故言下云合止柷

敔者合樂用柷柷狀如漆筩中有椎搖之所以節樂敔狀如伏虎背有刻以物櫟之所以止樂云笙鏞以閒者東方之樂謂之笙笙生也東方生長之方故名樂爲笙也鏞者西方之樂謂之鏞鏞功也西方物熟有成功亦謂之頌頌亦是頌其成也以閒者堂上堂下閒代而作云鳥獸蹌蹌者謂飛鳥走獸蹌蹌然而舞也云簫韶九成鳳皇來儀者韶舜樂也若樂九變人鬼可得而禮故致得來儀儀匹謂致得雄曰鳳雌曰皇來儀止巢而乘匹案此下文六變致象物象物有象在天謂四靈之屬四靈則鳳皇是其一此六變彼九成者其實六變致之而言九者以宗廟九變爲限靈鳥又難致之物故於九成而言耳云夔又曰於予擊石拊石百獸率舞者此於下文別而言之故云又又曰夔語舜云磬有大小予擊大石磬拊小石磬則感百獸相率而舞云庶尹允諧者庶衆也尹正也允信也言樂之所感使衆正之官信得其諧和云此其於宗廟九奏之效應者此經摠言三祀大祭但天地大祭效驗無文所引尚書惟有宗廟故指宗廟而言也然尚書云祖考即此經致鬼也虞賓即此經以安賓客羣后德讓即此經邦國也鳥獸鳳皇等即此經動物也庶尹允諧即此經以諧萬民以説遠人也。

乃分樂而序之以祭以享以祀　分謂各用一代之樂

【疏】注分謂至之樂。釋曰此與下諸文爲揔目上揔云六舞今分此六代之舞尊者用前代卑者用後代使尊卑有序故云序若然經所先云祭地後云祀天者欲見不問尊卑事起無常故倒文以見義也

乃奏黃鍾歌大呂舞雲門以祀天神

以黃鍾之鍾大呂之聲爲均者黃鍾陽聲之首大呂爲之合奏之以祀天神尊之也天神謂五帝及日月星辰也王者又各以夏正月祀其所受命之帝於南郊尊之也孝經說曰祭天南郊就陽位是也。正音征。【疏】乃奏至天神。釋曰此黃鍾言奏大呂言歌者云奏據出聲而言云歌據合曲而說其實歌奏通也知不言歌歌據堂上歌詩合大呂之調謂之歌者春秋左氏傳云晉侯歌鍾二肆取半以賜魏絳魏絳於是有金石之樂彼據磬列肆而言是不在歌詩詩亦謂之歌明不據偏歌。詩也襄四年晉侯饗穆叔云奏肆夏歌文王大明緜亦此類也。注以黃至是也。釋曰云以黃鍾之鍾大呂之聲者以經云奏奏者奏擊以出聲故據鍾而言大呂經云歌歌者發聲出音故據聲而說亦互而通也言爲均者案下文云凡六樂者文之以五聲播之以八音鄭云六者言其均皆待五聲八音乃成也則是言均者欲作樂先擊此二者之鍾以均諸樂是以鍾師云以鍾鼓奏九

夏鄭云先擊鍾次擊鼓論語亦云始作翕如也鄭云始作謂金奏是凡樂皆先奏鍾以均諸樂也必舉此二者以其配合是以鄭云黃鍾陽聲之首大呂爲之合也言合者此據十二辰之斗建與日辰相配合皆以陽律爲之主陰呂來合之是以大師云掌六律六同以合陰陽之聲注云聲之陰陽各有合黃鍾子之氣也十一月建焉而辰在星紀大呂丑之氣也十二月建焉而辰在玄枵大簇寅之氣也正月建焉而辰在娵訾應鍾亥之氣也十月建焉而辰在析木已後皆然是其斗與辰合也云奏之以祀天神尊之也者以黃鍾律之首雲門又黃帝樂以尊祭尊故云尊之也云天神謂五帝及日月星辰也者案下云若樂六變天神皆降是昊天則知此天神非天帝也是五帝矣知及日月星者案大宗伯昊天在禋祀中日月星辰在實柴中鄭注云五帝亦用實柴之禮則日月星與五帝同科此下文又不見日月星別用樂之事故知此天神中有日月星辰可知其司中巳下在標燎中則不得入天神中故下文約與四望同樂也云王者又各以夏正月祀其所受命之帝於南郊尊之也者案易緯乾鑿度云三王之郊一用夏正郊特牲云兆日於南郊就陽位大傳云王者禘其祖之所自出以其祖配之若周郊東方靈威仰之等是王者各以夏正月祀其所受命之帝於南郊特尊之也云孝經

說者說即緯也時禁緯故云說引之證與郊特牲義同皆見郊所感帝用樂與祭五帝不異以其所郊天亦是五帝故也

乃奏大蔟歌應鍾舞咸池以祭地示大蔟陽聲第二應鍾爲之合咸池大咸也地祇所祭於北郊謂神州之神及社稷○大蔟音太下七豆反下同【疏】乃奏至地示○釋曰地示卑於天神故降用大蔟大蔟陽聲第二及咸池也○注大蔟至社稷○釋曰云大蔟陽聲第二應鍾爲之合者以黃鍾之初九下生林鍾之初六林鍾之初六上生大蔟之九二是陽聲之第二也大蔟寅之氣也正月建焉而辰在娵訾應鍾亥之氣也○而辰在析木是應鍾爲之合也云咸池大咸也者此云咸池上文云大咸以爲一物故云大咸也云地祇所祭於北郊謂神州之神者以其下文若樂八變者是崑崙大地即知此地祇非大地也是神州之神可知案河圖括地象云崐崘東南萬五千里曰神州是知神州之神也知祭於北郊者孝經緯文以其與南郊相對故也知及社稷者以六冕差之社稷雖在小祀若薦祭言之大宗伯云以血祭祭社稷五祀五嶽用血與郊同又在五嶽之上故知用樂亦與神州同謂若日月星與五帝同也

乃奏姑洗歌南呂舞大磬以祀四望

姑洗陽聲第三南呂爲之合四望五嶽四鎮四竇此言祀者司中司命風師雨師或亦用此樂與○竇本又作瀆同音獨與音餘○〔疏〕乃奏至四望○釋曰四望又卑於神州故降用陽聲第三及用大聲也○注姑洗至樂與○釋曰云姑洗陽聲第三南呂爲之合者以其南呂上生姑洗之九三是陽聲第三也姑洗辰之氣也三月建焉而辰在大梁南呂西之氣也八月建焉而辰在壽星是南呂爲之合也云四望五嶽四鎮四竇者以大宗伯五嶽在社稷下山川上此文四望亦在社稷下山川上故知四望是五嶽四鎮四竇也云此言祀者司中司命風師雨師或亦用此樂與者以此上下更不見有司中等用樂之法又案大宗伯天神云祀地祇云祭人鬼云享四望是地祇而不云祭而變稱祀明經意本容司中等神故變文見用樂也○無正文故云或與以疑之也○

乃奏蕤賓歌函鍾舞大夏以祭山川蕤賓陽聲第四函鍾爲之合函鍾一名林鍾○蕤人誰反函胡南反函鍾林鍾也○〔疏〕注蕤賓至林鍾○釋曰云蕤賓陽聲第四者應鍾之六三上生蕤賓之九四是陽聲第四也云函鍾爲之合者蕤賓午之氣也五月建焉而辰在鶉首函鍾未之氣也六月建焉而辰在鶉火是函鍾之爲合也云函鍾一名林鍾者此

周禮言函鍾月令云林鍾故云一名林鍾也○**乃奏夷則，歌小呂，舞大濩，以享先妣。**夷則陽聲第五小呂爲之合小呂一名中呂先妣姜嫄也姜嫄履大人跡感神靈而生后稷是周之先母也周立廟自后稷爲始祖姜嫄無所妃是以特立廟而祭之謂之閟宮閟神之○中音仲亦如字後同嫄音元本亦作原妃音配本亦作配閟音秘

【疏】注夷則至神之○釋曰案祭法王立七廟考廟王考廟皇考廟顯考廟祖考廟皆月祭之二祧享嘗乃止不見先妣者以其七廟外非常故不言若祭當與二祧同亦享嘗乃止若追享自然及之矣云夷則陽聲第五者以其大呂之六四上生夷則之九五是陽聲第五也云小呂爲之合者以其小呂巳之氣也四月建焉而辰在實沈夷則申之氣也七月建焉而辰在鶉尾是其合也云小呂一名中呂者此周禮言小呂月令言中呂故云一名中呂也云先妣姜嫄也姜嫄履大人跡感神靈而生后稷者詩云履帝武敏歆毛君義與史記同以爲姜嫄帝嚳妃履帝武敏歆謂履帝嚳車轍馬跡生后稷后稷爲帝嚳親子鄭君義依命歷序帝嚳傳十世乃至堯后稷爲堯官則姜嫄爲帝嚳後世妃而言履帝武敏歆者帝謂天帝也是以周本紀云姜嫄出野見聖人跡心悅忻然踐之始如有身

動而孕居期生子是鄭解聖人跡與毛異也云是周之先祖者生民詩序云生民尊祖也后稷生於姜嫄文武之功起於后稷是周之子孫功業由后稷欲尊其祖當先尊其母故云周之先母也云周立廟自后稷爲始祖姜嫄無所妃者凡祭以其妃配周立七廟自后稷已下不得更立后稷父廟故姜嫄無所妃也云是以特立廟而祭之者以其尊敬先母故特立婦人之廟而祭之云謂之閟宮閟神之者案閟宮詩云閟宮有侐實實枚枚毛云在周常閉而無事與此祭先妣義違故後鄭不從是以鄭云特立廟而祭之但婦人稱宮處在幽靜故名廟爲閟宮據其神則曰閟神也若然分樂序之尊者用前代其先妣先祖服衮冕山川百物用玄冕今用樂山川在先妣上者以其山川外神是自然之神先祖生時曾事之故樂用前代無嫌

乃奏無射歌夾鍾舞大武以享先祖

無射陽聲之下也夾鍾爲之合夾鍾一名圜鍾先祖謂先王先公○射音亦注下同夾古洽反圜于權反（疏）注無射至先公○釋曰云無射陽聲之下也者以其夾鍾之六五下生無射之上九是陽聲之下也云夾鍾爲之合者以其夾鍾卯之氣也二月建焉而辰在降婁無射戌之氣也九月建焉而辰在大火亦是其合也云夾鍾一名圜鍾者下文云圜鍾爲

宮是一名圜鍾也云先祖謂先王先公者鄭據司服而言但司服以先王先公服異故別言此則知先王先公樂同故合說以其俱是先祖故也○凡六樂者文之以五聲播之以八音六者言其均皆待五聲八音乃成也播之言被也故書播爲藩杜子春云藩當爲播讀如后稷播百穀之播○被皮寄反

（疏）注六者至之播○釋曰云六者言其均也謂若黃鍾爲宮自與已下徵商羽角等爲均其絲數五聲各異也或解以爲均謂樂器八音之等若然何得先云言其均始云皆待五聲八音乎明言其均者以爲六者各據其首與下四聲爲均故云皆待五聲八音乃成也云播之言被也者謂若光被四表是取被及之義也子春云播爲后稷播百穀之播者讀從詩云其始播百穀是后稷之事也○凡六樂者一變而致羽物及川澤之示再變而致臝物及山林之示三變而致鱗物及丘陵之示四變而致毛物及墳衍之示五變而致介物及土示六變而致

象物及天神變猶更也樂成則更奏也此謂大蜡索鬼神而致百物六奏樂而禮畢東方之祭則用大蔟姑洗南方之祭則用蕤賓西方之祭則用夷則無射北方之祭則用黃鍾爲均焉每奏有所感致和以來之凡動物敏疾者地祇高下之甚者易致羽物既飛又走川澤有孔竅者蛤蟹走則遲墳衍孔竅則小矣是其所以舒疾之分土祇原隰及平地之神也象物有象在天所謂四靈者天地之神四靈之知非德至和則不至禮運曰何謂四靈麟鳳龜龍謂之四靈龍以爲畜故魚鮪不淰鳳以爲畜故鳥不獝麟以爲畜故獸不狘龜以爲畜故人情不失○介音界蜡士嫁反易以豉反竅苦弔反蛤古苔反分扶問反知音智畜許又反下同鮪于軌反淰音審獝休律反本又作獝亦作䮝同狘休越反

疏 凡六至天神○釋曰此一變至六變不同者據難致易致前後而言案大司徒五地之物生動植俱有此俱言動物不言植物者據有情可感者而言也○注變猶至不失○釋曰云變猶更也者燕禮云終尚書云成此云變孔注尚書云九奏而致不同者凡樂曲成則終變更也終則更奏各據終始而言是以鄭云樂成則更奏也云此謂大蜡索鬼神而致百物者案郊特牲云蜡也者索也歲十二月合聚百物而索饗之也鄭云歲十二月周之正數謂建亥之月也

五穀成於神有功故報祭之鄭必知此據蜡祭者此經揔祭百神與蜡祭合聚萬物之神同故知蜡也云六奏樂而禮畢者下云若樂六變則天神皆降此經亦六變致天神故云六奏樂而禮畢也云東方之祭則用大蔟云云此鄭知四方各別祭用樂不同者以郊特牲云八蜡以記四方又云四方年不順成八蜡不通順成之方其蜡乃通是四各有八蜡故知四方用樂各別也云每奏有所感致和以來之者揔釋地祇與動之神物雖有遲疾皆由以樂和感之云凡動物敏疾者地祇高下之甚者易致者言此欲見先致者皆由其神易致故也云羽物既飛又走川澤有孔竅者此經羽物共川澤一變致之是其羽物飛川澤有孔竅故也自樂再變已下差緩云蛤蟹走則遲墳衍孔竅則小矣者以其墳衍在丘陵後介物在毛物後由是走遲竅小故也云是其舒疾之分者謂就此羽物以下介物以上先致者疾之分後致者舒之分故有前後也也云土祇原隰及平地之神也者此已下說天地及四靈非直有樂兼有德民和乃致也鄭知土祇中有原隰者案大司徒有五地山林已下有原隰今此則經上已說川澤山林丘陵及墳衍訖惟不言原隰故此土祇中有原隰可知也又土祇中有平地者案大宰九職云一曰三農生九穀後鄭以三農者原隰及平地以其生九穀故知此土祇中非直

有原隰亦有平地之神也若然不言原隰而云土祇者欲見
原隰中有社稷故鄭君駁異義云五變而致土祇土祇者五
土之揔神謂社是以變原隰言土祇郊特牲云社祭土而主
陰氣是社稱土祇故鄭云土神也云象物有象在天所謂四
靈者以其天神同變致之象者有形象在天物者與羽贏等
同稱物故知有象在天四靈等也云天地之神四靈之知者
天則天神地則土祇故云天地之神四靈之知也云非德至
和則不至者欲見介物已上皆以樂和感之未必由德此天
地四靈非直須樂要有德至和乃致之也云禮運已下者欲
見象物則彼四靈也云何謂四靈者記人自問自荅案彼注
云捻之言問也言魚鮪不問問畏人也獨狘飛走之貌二者
皆據魚鮪不捻不可於龜更言魚鮪以龜知人情故變言人
情不失也案大司徒山林宜毛物川澤宜鱗物上陵宜羽物
墳衍宜介物原隰宜贏物此經興以羽物配川澤贏物配山
林鱗物配上陵毛物配墳衍介物配土祇與大司徒文不類
者彼以所宜而言此據難致易致而說故文有錯綜不同也
案月令孟冬云祈來年於天宗鄭注云此周禮所謂蜡也天
宗日月星鄭以月令祈於天宗謂之蜡則此天神亦是日月
星辰非大天神以蜡祭所祭衆神祭畢不可援尊神惟有
土祇是以知無天地大神也云°尚書云簫韶九成鳳皇來儀

九成乃致象物者鄭以儀爲匹謂止巢而孕乘匹故九變乃致此直據致其神故與大天神同六變也凡樂圜鍾爲宮黄鍾爲角大蔟爲徵姑洗爲羽靁鼓靁鼗孤竹之管雲和之琴瑟雲門之舞冬日至於地上之圜丘奏之若樂六變則天神皆降可得而禮矣凡樂函鍾爲宮大蔟爲角姑洗爲徵南吕爲羽靈鼓靈鼗孫竹之管空桑之琴瑟咸池之舞夏日至於澤中之方丘奏之若樂八變則地示皆出可得而禮矣凡樂黄鍾爲宮大吕爲角大蔟爲徵應鍾爲羽路鼓路鼗陰竹之管龍門之琴瑟九德之歌

九磬之舞於宗廟之中奏之若樂九變則人鬼可得而禮矣

此三者皆禘大祭也天神則主北辰地祇則主崐崘人鬼則主后稷先奏是樂以致其神禮之以玉而祼焉乃後合樂而祭之大傳曰王者必禘其祖之所自出祭法曰周人禘嚳而郊稷謂此祭天圜丘以嚳配之圜鍾夾鍾也夾鍾生於房心之氣房心爲大辰天帝之明堂函鍾林鍾也林鍾生於未之氣未坤之位或曰天社在東井輿鬼之外天社地神也黃鍾生於虛危之氣虛危爲宗廟以此三者爲宮用聲類求之天宮夾鍾陰聲其相生從陽數其陽無射無射上生中呂中呂與地宮同位不用也中呂上生黃鍾黃鍾下生林鍾林鍾地宮又不用林鍾上生大蔟大蔟下生南呂南呂與無射同位又不用南呂上生姑洗姑洗地宮林鍾林鍾上生大蔟大蔟下生南呂南呂上生姑洗人宮黃鍾黃鍾下生林鍾林鍾地宮又辟之林鍾上生大蔟大蔟下生南呂南呂與天宮之陽同位又辟之南呂上生姑洗姑洗南呂之合又辟之姑洗下生應鍾應鍾上生蕤賓蕤賓地宮林鍾之陽也又辟之蕤賓上生大呂凡五聲宮之所生濁者爲角淸者爲徵羽此樂無商者祭尙柔商堅剛也鄭司農云雷鼓雷鼗皆謂六面有革可擊者也雲和地

名也靈鼓靈鼗四面路鼓路鼗兩面九德之歌春秋傳所謂水火金木土穀謂之六府正德利用厚生謂之三事六府三事謂之九功九功之德皆可歌也謂之九歌也玄謂雷鼓雷鼗八面靈鼓靈鼗六面路鼓路鼗四面孤竹竹特生者孫竹竹枝根之末生者陰竹生於山北者雲和空桑龍門皆山名九磬讀當爲大韶字之誤也○角如字古音鹿徵張里反下同靁音雷九磬依字九音大諸書所引皆依字崐崘本又作混淪各依字讀裸古亂反礐苦篤反大㫰如字劉音泰與鬼音餘本亦作輿辟音避下同○

【疏】凡樂至禮矣○釋曰此三者皆用一代之樂類上皆是下神之樂列之在下文者以分樂而序之據天地之次神故陳彼天地已下之神并蜡祭訖乃列陳此三禘恐與上雜亂故也言六變八變九變者謂在天地及廟庭而立四表舞人從南表向第二表爲一成一成則一變從第二至第三爲二成從第三至北頭第四表爲三成舞人各轉身南向於北表之北還從第一至第二爲四成從第二至第三爲五成從第三至南頭第一表爲六成則天神皆降若八變者更從南頭北向第二爲七成又從第二至第三爲八成地祇皆出若九變者又從第三至北頭第一爲九變人鬼可得禮焉此約周之大武象武王伐紂故樂記云且夫武始而北出再成而滅商三成而南四成而南

國是疆五成而分陜周公左召公右六成復綴以崇其餘大濩已上雖無滅商之事但舞人須有限約亦應立四表以與舞人爲曲別也禮天神必於冬至禮地祇必於夏至之日者以天是陽地是陰冬至一陽生夏至一陰生是以還於陽生陰生之日祭之也至於郊天必於建寅者以其郊所感帝以祈穀實取三陽爻生之日萬物出地之時若然祭神州之神於北郊與南郊相對雖無文亦應取三陰爻生之月萬物秀實之時也言圜丘者案爾雅土之高者曰丘取自然之丘圜者象天圜既取丘之自然則未必要在郊無問東西與南北方皆可地言澤中方丘者因高以事天故於地上因下以事地故於澤中取方丘者水鍾曰澤不可以水中設祭故亦取自然之方丘象地方故也宗廟不言時節者天地自相對而言至此宗廟無所對謂祫祭也但殷人祫於三時周禮惟用孟秋之月爲之則公羊云大事者何大祫也毀廟之主陳于大祖未毀廟之主皆升合食于大祖是也天用雲門地用咸池宗廟用大韶者還依上分樂之次序尊者用前代卑者用後代爲差也宗廟用九德之歌者以人神象神生以九德爲政之具故特異天地之神也天地及宗廟並言皆降皆出皆至者以祭尊可以及卑故禮記云大報天而主日配以月是其神多故云皆也天神六變地祇八變人鬼九變者上文四

變已上所致有先後者動物據飛走遲疾地神有孔竅大小其土祇及天神有靈智故據至德至和乃可以致今此三者六變已上則據靈異而言但靈異大者易感小者難致故天神六變人鬼九變也○注此三至之誤○釋曰云此三者皆禘大祭也者案爾雅云禘大祭不辨天神人鬼地祇則皆有禘稱也祭法云禘黃帝之等皆據祭天於圜丘大傳云王者禘其祖之所自出據夏正郊天論語禘自既灌據祭宗廟是以鄭云三者皆禘大祭也云天神則主北辰地祇則主崐崘人鬼則主后稷者此三者則大宗伯云祀之享之祭之又大宰云祀大神祇及大享亦一也三者恒相將故鄭據此三者之神也云先奏是樂以致其神者致神則下神也用之禮凡祭祀皆先作樂下神乃薦獻薦獻訖乃合樂也云禮之以玉而祼焉乃後合樂而祭之者云禮之以玉據天地而祼焉據宗廟以小宰注天地大神至尊不祼又玉人典瑞宗伯等不見有宗廟禮神之玉是以知禮之以玉據天地則蒼璧禮天黃琮禮地是也而祼焉據宗廟肆獻祼是也云大傳曰王者必禘其祖之所自出者謂王者皆以建寅之月郊所感生帝還以感生祖配之若周郊以后稷配之也引之者證郊與圜丘俱是祭天之禘郊之禘以后稷配圜丘禘以嚳配故引祭法禘嚳而郊稷爲證云圜鍾夾鍾也者即上文夾鍾也云夾

鍾生於房心之氣至明堂者案春秋緯文耀鉤及石氏星經天宮之注云房心爲天帝之明堂布政之所出又昭十七年冬有星孛於大辰公羊傳云大辰者何大火也大火爲大辰伐爲大辰北辰亦爲大辰夾鍾房心之氣爲大辰天之出日之處爲明堂故以圜鍾爲天之宮云函鍾林鍾也者月令謂之林鍾是也云林鍾生於未之氣未坤之位者林鍾在未八卦坤亦在未故云坤之位云或曰天社在東井輿鬼之外者案星經天社六星輿鬼之南是其輿鬼外也天社神位皆是地神故以林鍾爲地宮也云黃鍾生於虛危之氣者以其黃鍾在子子上有虛危故云虛危之氣也云虛危爲宗廟者案星經虛危主宗廟故爲宗廟之宮也云以此三者爲宮用聲類求之者若十二律相生終於六十即以黃鍾爲首終於南事今此三者爲宮各於本宮上相生爲角徵羽麄細須品或先生後用或後生先用故云聲類求之也云天宮夾鍾陰聲其相生從陽數者其夾鍾與無射配合之物夾鍾是呂陰也無射是律陽也天是陽故宮後歷八相生還從陽數也云無射上生中呂中呂與地宮同位不用也者地宮是林鍾林鍾自與蕤賓合但中呂與林鍾同在南方位故云同位以天尊地卑故嫌其同位而不用之也中呂上生黃鍾黃鍾爲角也黃鍾下生林鍾林鍾地宮又不用亦嫌不用也林鍾上生大

蔟大蔟爲徵也大蔟下生南呂與無射同位又不用南呂上生姑洗姑洗爲羽祭天四聲足矣地宮林鍾林鍾上生大蔟大蔟爲角大蔟下生南呂南呂爲羽先生後用也南呂上生姑洗姑洗爲徵後生先用四聲足矣人宮黃鍾黃鍾下生林鍾林鍾爲地宮又避之不取也林鍾上生大蔟大蔟爲徵先生後爲○用也大蔟下生南呂南呂與天宮之陽同位又避之南呂上生姑洗姑洗南呂之合又避之姑洗下生應鍾應鍾爲羽應鍾上生蕤賓蕤賓地宮之陽以林鍾是地宮與蕤賓相配合故又避之蕤賓上生大呂大呂爲角以絲多後生先用也四聲足矣凡言不用者卑之凡言避之者尊之天宮既從陽數故於本宮之位人地皆不避之至於南呂姑洗合地於天雖有尊卑體敵之義故用姑洗天宮之陽所合但人於天尊卑陽絕故避姑洗天宮之陽所合也鄭必知有避之及不用之義者以其天人所生有取有不敢○知之不取者是嫌不用人鬼不敢者是尊而避之也云○五聲宮之所生濁者爲角清者爲徵羽者此摠三者宮之所生以其或先生後用謂若地宮所生姑洗爲徵後生先用南呂爲羽先生後用天○宮所生大呂爲角後生先用大蔟爲徵先生後用以其後生絲多用角先生絲少用徵故云凡宮之所生濁者爲角清者爲徵羽也云此樂無商者祭尚柔商堅剛也者此經三者皆不

言商以商是西方金故云祭尚柔商堅剛不用若然上文云
此六樂者皆文之以五聲並據祭祀而立五聲者凡音之起
由人心生單出曰聲雜比曰音泛論樂法以五聲言之其實
祭無商聲鄭司農云雷鼓雷鼗皆六面靈鼓靈鼗皆四面路
鼓路鼗皆兩面者以此三者皆祭祀之鼓路鼗不合與晉鼓
等同兩面故後鄭不從也云九德之歌春秋傳云云此文七
年趙宣子曰勸之以九歌九功之德皆可歌也謂之九歌六
府三事謂之九功水火金木土穀謂之六府正德利用厚生
謂之三事注云正德人德利用地德厚生天德此本尚書大
禹謨之言賈服與先鄭並不見古文尚書故引春秋也非玄謂
雷鼓鼗已下八面六面四面者雖無正文以鼗鼓晉鼓等祭
祀鼓皆兩面宗廟尊於晉鼓等故知加兩面爲四面祭地尊
於宗廟故知更加兩面爲六面祭天又尊於祭地知更加兩
面爲八面是以不從先鄭也云孤竹竹特生者謂若嶧陽孤
桐云孫竹竹枝根之末生者案詩毛傳云枝幹也幹即身也
以其言孫若子孫然知枝根末生者云陰竹生於山北者爾
雅云山南曰陽山北曰陰今言陰竹故知山北生者也云雲和
空桑龍門皆山名者以其禹鑿龍門見是山即雲和與空桑
亦山可知故不從先鄭雲和地名也云九磬讀當爲
大韶者上六樂無九韶而有大韶故破從大韶也　凡樂

事大祭祀，宿縣，遂以聲展之。叩聽其聲，具陳次之，以知完不。○縣音玄，下樂縣之類皆放此。疏凡樂至展之○釋曰：凡樂事言凡，語廣，則不徒大祭祀而已，而直言大祭祀者，舉大祭祀而言其實。中祭祀亦宿縣也。但大祭祀中有天神地祇人鬼，中小祭祀亦宿縣，至於饗食燕賓客有樂事亦兼之矣。言宿縣者，皆於前宿豫縣之。遂以聲展之者，謂相扣使作聲而展省聽之，知其完否善惡也。

王出入則令奏王夏，尸出入則令奏肆夏，牲出入則令奏昭夏。三夏皆樂章名。○屍音尸，本亦作尸。疏王出至昭夏○釋曰：云王出入者，據前文大祭祀而言。王出入，謂王將祭祀，初入廟門，升祭訖出廟門，皆令奏王夏也。尸出入，謂尸初入廟門，及祭祀訖出廟門，皆令奏肆夏。牲出入者，謂二灌後王出迎牲，及爓肉與體其犬豕，是牲出入，皆令奏昭夏。先言王，次言尸，後言牲者，亦祭祀之次也。○注三夏皆樂章名○釋曰：此三夏即下文九夏，皆是詩，詩與樂爲之章，故云樂章名也。

帥國子而舞。當用舞者，帥以往。疏注當用至以往○釋曰：凡興舞皆使國之子弟爲之，但國子人多，不必一時皆用當遞代而去故選當用者帥以往爲舞之處也 **大饗不入牲其他皆如祭祀** 大饗饗賓客也不入牲牲不入亦不奏昭夏也其他謂王出入賓客出入亦奏王夏肆夏

（疏）大饗至祭祀○釋曰凡大饗有三案禮器云郊血大饗腥鄭云大饗袷祭先王一也彼又云大饗尚腶脩謂饗諸侯來朝者二也曲禮下云大饗不問卜謂摠饗五帝於明堂三也此經云大饗與郊特牲大饗尚腶脩爲一物言不入牲謂饗亦在廟其祭祀則君牽牲入殺令大饗亦在廟諸侯其牲在廟門外殺因即亨之升鼎乃入故云不入牲也○注大饗至肆夏○釋曰鄭知此大饗是饗賓客者以其不入牲若祭祀大饗牲當入故知饗賓客諸侯來朝者也云其他謂王出入賓客出入亦奏王夏肆夏者則據賓客與尸同奏肆夏案禮器云大饗其王事與又云其出也肆夏而送之鄭注云肆夏當爲陔夏彼賓出入奏肆夏與此大饗賓出入肆夏同而破肆夏爲陔夏者彼鄭注大饗爲袷祭先王祭末有燕而飲酒有賓醉之法與鄉飲酒賓醉而出奏陔夏同故破肆夏爲陔夏此大饗饗諸侯來朝則左傳云饗以訓恭儉設儿而不倚爵盈而不飲獻依命數賓無醉理故賓出入奏肆夏與尸出入同也 **大射王出入令奏王夏**

及射令奏騶虞騶虞樂章名在召南之卒章王射以騶虞爲節○騶側留反召上照反下召南同疏大射至騶虞○釋曰大射謂將祭祀擇士而射於西郊虞庠學中王有入出之時奏王夏及射奏騶虞之詩爲射節○注騶虞至爲節○釋曰云騶虞樂章名在召南之卒章者召南卒章云一發五豝于嗟乎騶虞以言君一發其矢虞人驅五豝獸而來喻得賢者多故下樂師注引射義云騶虞者樂官備也是故天子以備官爲節是也詔諸侯以弓矢舞舞謂執弓挾矢揖讓進退之儀○挾子協反又音協疏詔諸至矢舞○釋曰此諸侯來朝將助祭預天子大射之時則司樂詔告諸侯射之舞節○注舞謂至之儀○釋曰案大射云命三耦取弓矢於次三耦皆次第各與其耦執弓搢三挾一矢向西階前當階揖升揖當物揖射訖降揖如升射之儀是其舞節也王大食三宥皆令奏鍾鼓大食朔月月半以樂宥食時也宥猶勸也○宥音又疏注大食至勸也○釋曰鄭知大食朔月加牲者案玉藻天子諸侯皆朔月加牲體之事又知月半者此無正文約士喪禮月半不殷奠則大夫已上有月半殷奠法則知生人亦有月半大食法既言大食令奏若凡常日食

則大司樂不令奏鍾鼓亦有樂侑食矣知日食有樂者案膳夫云以樂侑食是常食也**王師大獻則令奏愷樂**大獻獻捷於祖愷樂獻功之樂鄭司農說以春秋晉文公敗楚於城濮傳曰振旅愷以入於晉○敗必邁反濮音卜〔疏〕注大獻至于晉○釋曰案鄭志趙商問大司馬云師有功則愷樂獻于社春官大司樂云王師大獻則令奏愷樂注云大獻獻捷於祖不達異意荅曰司馬云師大獻則獻社以軍之功故獻於社大司樂宗伯之屬宗伯主於宗廟之禮故獻於祖也云愷樂獻功之樂者則晉之振旅愷是也故取先鄭所引於下案僖二十八年晉敗楚於城濮晉振旅愷以入於晉是所據也**凡日月食四鎮五嶽崩大傀異烖諸侯薨令去樂**四鎮山之重大者謂揚州之會稽青州之沂山幽州之醫無閭冀州之霍山五嶽岱在兖州衡在荊州華在豫州嶽在雍州恒在并州傀猶怪也大怪異烖謂天地奇變若星辰奔霣及震裂爲害者去樂藏之也春秋傳曰壬午猶繹萬入去籥萬言入則去者不入藏之可知○傀劉九靡反舊音怪說文以爲傀偉之字解引此文字林公回反李一音杜回反會古外反沂魚依反雍於用反霣于敏反繹音亦〔疏〕

注四鎮至可知○釋曰：鄭知四鎮山之重大者，以職方九州州各有鎮山，皆曰其大者，以爲一州之鎮，故云山之重大者也。但五州五鎮得入嶽名，餘四州不得嶽名者，仍依舊爲鎮號，故四鎮也。自五嶽已下，亦據職方而言，以周處鎬京，在五嶽外，故鄭注康誥云：岐鎬處五嶽之外，周公爲其於正不均，故東行於洛邑，合諸侯謀作天子之居。是西都無西嶽，權立吳嶽爲西嶽。爾雅嵩高爲中嶽，華山爲西嶽者，據東都地中而言，即宗伯注是也。以嵩與華山俱處豫州，雍州無嶽名，此經欲見九州俱有災變之理，故注據西都吳嶽爲西嶽而說耳。案爾雅霍山爲南嶽，案尚書及王制注皆以衡山爲南嶽，不同者，案郭璞注云：霍山今在廬江潛縣西南，潛水出焉，別名天柱山。武帝以衡山遼遠，因讖緯皆以霍山爲南嶽，故移其神於此。今其土俗人皆謂之南嶽。南嶽本自以兩山爲名，非從近來。如郭此言，即南嶽衡山自有兩名，若其不然，則武帝在爾雅前乎？明不然也。案潛縣霍山一名衡陽山，則與衡嶽異名實同也。或曰荆州之衡山，亦與廬江潛縣者別也。云大怪異烖謂天地奇變者，此奇變與星辰已下爲摠之語也。云若星辰奔霣者，謂若左氏云歲在星紀而淫於玄枵，是其奔。霣石於宋五，及星霣而雨，是其霣也。云及震裂爲害者，謂若左氏云地震之類。云去樂藏之也者，以其樂器不縣則藏之今云去樂明知還依本藏之也云春秋傳者宣八年左氏云辛巳有事于大廟仲遂卒於垂壬午猶繹萬入去籥仲卿佐卒輕於正祭故辛巳日不廢正祭重於繹祭當廢之宣公不廢繹故加猶以尤之籥有聲者不入用是以公羊傳云去其有聲廢其無聲鄭荅趙商云於去者爲廢是去者不用廢者入用卽萬入是也故鄭云萬言入則去者不入藏之可知以其彼云去其有聲與此經去樂藏之同故引以爲證也**大札大凶大烖大臣死凡國之大憂令弛縣**札疫癘也凶凶年也烖水火也弛釋下之若今休兵鼓之爲○札則八反鄭音載弛式氏反【疏】大札至弛縣○釋曰大札疫癘則左氏傳天昏札瘥是也大凶則曲禮云歲凶年穀不登是也大災水火則宋大水及天火曰災之類是也大臣死則大夫已上是也凡國之大憂者謂若禮記檀弓云國亡大縣邑及戰敗之類是也令弛縣謂大司樂令樂宮弛常縣之樂也○注札疫至之爲○釋曰札疫癘也者凡疫病皆癘鬼爲之故言疫癘也云弛釋下之若今休兵鼓之爲者樂縣在於虡釋下之與兵鼓縣之於車上休亦釋下之義相似故舉今以況古且上文云去樂據廟中其縣之樂去其藏之而不作此文據路寢常縣之樂弛其縣互文以見義也去

者藏之亦先弛其縣弛縣亦去而藏之但路寢常縣故以縣言之也

凡建國禁其淫聲淫聲若鄭衞也過聲失哀樂之節凶聲亡國之聲若桑間濮上慢聲惰慢

過聲凶聲慢聲

不恭○樂音洛

疏注淫聲至不恭○釋曰經云建國謂新封諸侯之國樂者移風易俗先當用其正樂以化民故禁此四者也云淫聲若鄭衞也者樂記文鄭則緇衣之詩說婦人者九篇衞則三衞之詩云期我乎桑中之類是也云過聲失哀樂之節者若玉藻云御瞽幾聲之上下上下謂哀樂瞽人歌詩以察樂之哀樂使得哀樂之節若失哀樂之節則不可也云凶聲亡國之聲若桑間濮上者亦樂記文鄭彼注云濮水之上地有桑間者亡國之音於此之水出也又引史記昔武王伐紂師延東走自沈於濮水衞靈公朝晉過焉夜聞使師涓寫之至晉晉侯燕之謂晉平公曰寡人聞新聲爲公鼓之遂使師涓鼓之晉侯使師曠坐而聽之撫而止之曰昔紂使師延作靡靡之樂武王伐紂師延東走自沈於濮水此淫聲非新聲是其義也云慢聲惰慢不恭者謂若樂記子夏對魏文侯云齊音敖辟喬志即是惰慢不恭者也

大喪涖廞樂器涖臨也廞興也臨笙師鎛師之屬興樂器也興謂作之也○廞許金反興許應反後

皆放此鎛音博〈疏〉注故臨至之也○釋曰鄭知臨笙師鎛師者案笙鎛師皆云喪廞其樂器奉而藏之故知也云之屬籥師亦云大喪廞其樂器奉而藏之司干亦云大喪廞舞器此不言之即屬中兼之也

及葬藏樂器亦如之〈疏〉及葬至如之○釋曰此臨藏樂器還臨笙師鎛師等故彼皆云奉而藏之也

附釋音周禮注疏卷第二十二

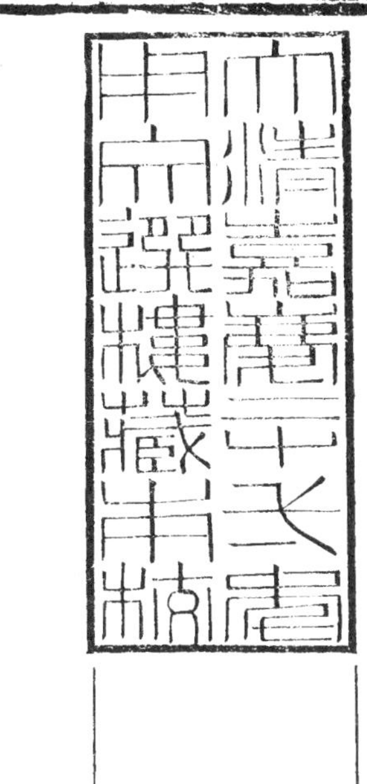
大清嘉慶二十年春
用文選樓藏本校

知南昌府張敦仁署鄱陽縣候補知州周澍栞

周禮注疏卷二十二挍勘記　阮元撰盧宣旬摘錄

附釋音周禮注疏卷第二十二

冢人

因彼國葬而爲造塋之主　閩本主誤王惠棟云主一本作祖

若父爲天王卿昭　閩本卿誤鄉監毛本改是

此文自王已下皆有　閩監毛本已改以

天子墳高三刃　毛本刃作仞

樹以藥草　惠挍本作樹以欒○按藥欒字形之誤草衍字耳說文亦曰大夫欒

天子十月而葬　惠挍本作七月此誤

大夫以咸　釋文咸本又作緘○按咸緘古今字

以案僖二十五年左傳云閩本同監毛本以案改案左左字復下以盖此之誤○按以案不誤

此按檀弓公肩假云此本此字剜劑當衍閩監毛本排入

以其旍旗在車所建惠挍本同閩監毛本旍改旌

欲破先鄭以芻靈與象人爲一惠挍本無欲

笙竽備而不和備鍠云笙竽字誤倒

墓大夫

萬民所葬也余本岳本同嘉靖本監毛本也作地閩本先剜改也爲地○按作地是也經文前曰公墓之地此曰邦墓之地作也後剜改地此本及閩本疏中標起訖皆

族葬各從其親諸本同惠挍本其下有謂

後相容余本岳本嘉靖本同閩監毛本後作使按使字複上蓋涉疏文誤疏云使相容者蒙上使各有區域言之也

職喪

又按士喪禮兼有賵賵無常浦鏜云幣誤賵語見記中

號謂謚號毛本謂誤爲

令令其當共物者余本嘉靖本同閩監毛本共改供非疏中此本亦作供

職喪依式令之惠按本作職喪遣令之

春官宗伯下唐石經缺釋文但題宗伯下三字

大司樂

教冑子是也釋文作育子云本亦作冑九經古義云說文引虞書曰教育子云養子使善也爾雅育冑

皆訓長故馬注尚書云胄長也教長天下之子弟按此注當與說文同作教育子陸本是也

尚書傳詩云 浦鏜云傳誤傳詩

爾雅釋訓文也 孫志祖云監毛訓誤親

倍文曰諷 釋文亦作倍文賈疏作背文薛暲疏引此注同○按此注用古字疏用今字之一證

答述曰語 余本嘉靖本答作荅此從竹非

又爲吟詠 閩監毛本詠作咏

大磬 漢讀考云經典舜樂字皆作韶說文革部鞀或作鞉或作磬籒文作磬從殸召聲是則周禮爲古文假借字

磬能殫均刑法以儀民 閩監毛本同誤也余本岳本嘉靖本殫作禪余本岳本藏音義同葉鈔釋文能禪禪時戰反今通志堂本改作殫非也按賈疏引注堯能殫均刑法以儀民而曰彼云義終此云儀民不全引其文言殫禪有異是賈疏本作殫也

樂之文武中 孫志祖云內則注作樂之文武備

是敷土之事也 按當作傳土

彼云除其災災即邪 閩監毛本災並改烖○按烖是也

章名雖堯樂 經義雜記作大章名雖堯樂此因複舉大章遂脫一大字

故此大卷一爲黃帝樂也 經義雜記曰一當作亦

則雲與大卷爲一 經義雜記作則雲門此亦因上疊雲門字而誤脫

以律立鍾之均 監本立誤直

笙鏞以閒 漢讀考作笙庸按賈疏釋此注云庸功也西方物孰有成功亦謂之頌頌亦是頌其成也然則賈本鄭注本作庸字

鳥獸鎗鎗 余本同嘉靖本毛本作牄牄閩監本作蹌蹌按釋文作牄牄云本又作蹌此本疏中亦作牄牄

始於左旋 監本於改而

自此已下皆然 閩監毛本已改以

皆神仕職文 閩監毛本仕誤社○按此謂凡以神士者一章

但彼明旦所祭小神用樂無文 毛本脫用字補鏜云日誤旦

云鳥獸瑲瑲者 毛本同監本改蹌蹌非下同

乃分樂而序之 余本嘉靖本毛本同閩監本序作祀誤唐石經乃分樂而以下缺石經考文提要云宋本九經宋纂圖互注本宋附釋音本余仁仲本皆作乃分樂而序之

後云祀天者 惠校本同閩監毛本改祭天非

貺不據偏歌詩也 宋本歌下有毛

乃奏大蔟 余本嘉靖本毛本同閩監本蔟作簇非注疏及下同釋文作大蔟唐石經缺石經考文提要云宋纂

圜丘注本宋附釋音本余仁仲本皆作菸

應鍾亥之氣也　下脫十月建焉四字閩監毛本皆有

若薦祭言之　惠校本無薦

用血與郊同　閩本同監毛本血下衍祭

以其南呂上生姑洗之九三　宋本閩本同監毛本南呂下增六二兩字

歌函鍾　閩監毛本同岳本嘉靖本作函鍾釋文作函此譌唐石經此缺下作函鍾爲宫

下生夷則之九五　惠校本作上生此誤

凡祭以某妃配　惠校本作其妃此誤

下生無射之上九　惠校本作上生

故書播爲藩　九經古義云古藩字亦作播尚書大傳五行傳云播國率相行事鄭注云播讀爲藩

以爲六者各據爲首　惠挍本同閩監毛本爲作其

地祇高下之甚者　岳本祇皆改示非

九奏而致不同者　惠挍本致作至

揔釋地祇與動之神物　閩本同毛本動字實缺監毛本物誤來

非直有樂兼有德　閩本同監毛本有樂誤以樂

若然不言原隰而云土祇者　閩本同監毛本然下衍彼而下衍乃

云尚書云　閩本同監毛本上云改又

九磬之舞　釋文九磬依字九音大諸書所引皆依字困學紀聞云山海經夏后開得九辯九歌以下始歌九招於大穆之野史記禹乃與九招之樂索隱曰即舜樂簫韶九成呂氏春秋帝嚳命咸墨作爲舞聲歌九招大列六英帝舜令質修九招六列六英以明帝德然則九招作於帝嚳舜修而用之

無射上生中呂　浦鏜云下誤上

竹枝根之末生者　余本閩監毛本同宋本岳本嘉靖本末作未此本疏中亦作未按根末生者故云孫竹作末誤也詳漢讀考

九磬讀當爲大韶字之誤也　惠挍本無也此本疏標起訖云注此三至之誤亦無也字漢讀考云此謂九爲大之字誤

大護已上　閩本同監毛本護作濩

用之禮凡祭祀　浦鏜云周誤用

天社神位　浦鏜云坤誤神

姑洗爲徵後先生用　閩本剜倒先生字監毛本承之

大蔟爲徵先生後爲用也　閩本同監毛本無下爲

以絲多後先生用也 閩監毛本作生先用也

有不明知之不取者 宋本同閩監毛本明作敢

云五聲宮之所生 閩本同監毛本云下有凡

大宮所生大呂爲角 宋本作人宮此誤爲大閩監毛本改作天

枝幹也 閩監毛本幹作榦下同

尸出入 唐石經余本岳本嘉靖本同閩監毛本尸改屍疏同釋文作屍出云音尸本亦作尸惠校本疏中亦作尸

○按說文尸陳也屍終主也此經用屍爲假借

升祭訖出廟門 盧文弨曰通考升作及

詩與樂爲之章 閩本同監毛本之作篇

王有入出之時 閩監毛本作出入

王大食三宥　注唐石經余本岳本嘉靖本同閩監毛本宥改侑經考文提要云宋本九經宋纂圖互注本宋附釋音本皆作宥漢讀考云有司徹注曰古文侑皆作宥然則以宥爲侑古文假借字

大食朔月月半　嘉靖本作朔日浦鏜云按疏下疑脫加牲二字

皆朔月加牲體之事　浦鏜云皆疑有字誤

亦有樂侑食矣　惠校本侑作宥下同○按疏内自可作侑

大傀異烖　說文傀偉也从人鬼聲周禮曰大傀異按古人於災異散言皆通對文則異此言大傀異下言大烖則對文也故鄭注此云傀猶怪也大怪異謂天地奇變若星辰奔霣及震裂爲害者注下大烖云烖謂水火也今本經注大傀異下皆有烖字蓋涉下文誤衍也當從說文所引○按傀異烖烖之傀異者非常之變也不當據說文疑有衍字鄭注亦曰大傀異烖

嶽在雍州　余本岳本嘉靖本同閩監毛本嶽改嵩非按賈疏亦作嶽字

籥有聲者不入用　宋本者作音

則去者不入　惠校本毛本同閩監本入改用

據廟中其縣之樂　浦鏜云其疑所之譌

隋慢不恭　余本同嘉靖本閩監毛本隋改惰

周禮注疏卷二十二挍勘記終

南昌袁泰開校

附釋音周禮注疏卷第二十三

鄭氏注　賈公彥疏

樂師掌國學之政以教國子小舞謂以年幼少時教之舞內則曰十三舞勺成童舞象二十舞大夏

（疏）樂師至小舞○釋曰此樂師教小舞即下文帗舞已下是也此言小舞即大司樂教雲門已下爲大舞也○注謂以至大夏○釋曰云謂以年幼少時教之舞對二十已後學大舞鄭知者所引內則文是也云十三舞勺者按彼上文云十年出就外傅又云十三舞勺即周頌酌序云酌告成大武也言能酌先祖之道以養天下也鄭注云周公居攝六年所作是也云成童舞象者即周頌序云維清奏象舞注云象舞象用兵時刺伐之舞武王制焉是也此皆詩詩爲樂章與舞人爲節故以詩爲舞也此勺與象皆小舞所用幼少時學之也云二十舞大夏者人年二十加冠成人而舞大夏大夏夏禹之舞雖舉大夏其實雲門已下六舞皆學以其自夏以上揖讓而得天下自夏以下征伐而得天下夏爲文武中故特舉之可以兼前後也

凡舞有帗。舞有羽舞

有皇舞有旄舞有干舞有人舞故書皇作翌鄭司農云帗舞者全羽羽舞者析羽皇舞者以羽冒覆頭上衣飾翡翠之羽旄舞者氂牛之尾干舞者兵舞人舞者手舞社稷以帗宗廟以羽四方以皇辟廱以旄兵事以干星辰以人舞翌讀爲皇書亦或爲皇玄謂帗析五采繒今靈星舞子持之是也皇雜五采羽如鳳皇色持以舞人舞無所執以手袖爲威儀四方以羽宗廟以人山川以干旱暵以皇○少詩照反勺章略反帗音拂一音弗翌音皇析星歷反下同氂舊音毛劉音來沈音狸或音茅字或作氂或作犛皆同暵呼旦反

【疏】凡舞至人舞○釋曰此六舞者即小舞也若天地宗廟正祭用大舞即上分樂序之是也此小舞按舞師亦陳此小舞云教皇舞帥而舞旱暵之事即皆據祈請時所用也○注故書至以皇○釋曰故書皇作翌鄭司農破翌爲皇也先鄭云帗舞者全羽者先鄭意以司常有全羽爲旞析羽爲旌相對即以此帗舞爲全羽羽舞爲析羽相對解之後鄭破帗舞不破羽舞也云皇舞以羽冒覆頭上衣飾翡翠之羽者此後鄭亦不從之云旄舞者氂牛之尾者按山海經云潘侯之山有獸如牛而節有毛其名曰旄牛注云今旄牛背脚胡尾皆有長毛故先鄭據而言之云干舞者兵舞者此有干舞舞師有兵舞先鄭以

干戈兵事所用故以干舞爲兵舞後鄭亦從之也云人舞者手舞者後鄭亦從之矣自社稷以帗已下至星辰以人舞後鄭從其二不從其四者社稷以帗依舞師辟廱以旄以無正文後鄭從之後鄭云帗析五采繒不從司農者若今者可以言古以漢時有靈星舞子持之而舞故知帗舞亦析五色繒爲之也云皇雜五采羽如鳳皇色持以舞者按山海經鳳皇出丹穴山形似鶴首文曰德背文曰義翼文曰順腹文曰信膺文曰仁又按京房易傳云鳳皇麟前鹿後蛇頭龜背魚尾雞喙燕翼五采高二尺漢世鳳皇數出五色今皇舞與鳳皇之字同明雜以五采羽如鳳皇色持之以舞故不從先鄭以羽覆頭上衣飾翡翠之羽也云人舞無所執以手袖爲威儀者此就足先鄭手舞手舞用袖爲威儀也云四方以羽者依舞師云宗廟以人者雖無文宗廟是人鬼故知用人也云山川以干者干舞即兵舞舞師云教兵舞師而舞山川之祭祀是也旱暵以皇亦依舞師也

教樂儀行以肆夏趨以采薺車亦如之環拜以鍾鼓爲節○教樂儀教王以樂出入於大寢朝廷之儀故書趨作跢鄭司農云跢當爲趨書亦或爲趨肆夏采薺皆樂名或曰皆逸詩謂人君行步以肆夏爲節趨疾於步則以采薺爲節

若今時行禮於大學罷出以鼓陔爲節環謂旋也拜直拜也玄謂行者謂於大寢之中趨謂於朝廷爾雅曰堂上謂之行門外謂之趨然則王出既服至堂而肆夏作出路門而采薺作其反入至應門路門亦如之此謂步迎賓客王如有車出之事登車於大寢西階之前反降於阼階之前尚書傳曰天子將出撞黃鍾之鍾右五鍾皆應入則撞蕤賓之鍾左五鍾皆應大師於是奏樂○趨劉清須反薺本又作齊徐私反朝直遙反下同陔倉注反陔改才反撞直江反 疏 教樂至爲節○釋曰此王一行迎賓若春夏受贄於朝無迎法受享於廟則迎之若秋冬一受之於廟並無迎法若饗食在廟燕在寢則皆。迎法若然鄭此注據大寢而言則是燕時若饗食在廟則與此大寢同也○注教樂至奏樂○釋曰鄭知教王以樂出入於大寢之儀者此經先言行後言趨又云環拜據從內向外而言是出時也禮記玉藻云趨以采薺行以肆夏先言趨後言行據從外向內是入時也樂節是同故鄭出入並言也先鄭云肆夏采薺皆樂名者案襄四年穆叔如晉晉侯饗之金奏肆夏杜亦云肆夏樂曲名案鍾師注九夏皆詩之大者載在樂章樂崩從而亡以此言之肆夏亦詩篇名先鄭云或曰皆逸詩得通一義也按玉藻注齊讀如楚茨之茨此齊讀亦從茨可知也玄謂引爾雅者行是門內趨是門外之事也按爾雅云室中謂之時堂上謂之行堂下謂之步門外謂之趨中庭謂之走大路謂之奔但庭中走大路奔據助祭者而言故詩云駿奔走在廟也今揔言行者謂大寢之中不言堂下步者人之行必由堂下始與行小異大同故略步而言其行也云然則王出既服至堂而肆夏作者是行以肆夏出路門而采薺作是趨以采薺也云其反入至應門路門亦如之者反入至應門即是路門外當奏采薺也入至路門即是門內行以肆夏也但王有五門外仍有皐庫雉三門經不言樂節鄭亦不言故但據路門外內而言若以義量之既言趨以采薺即門外謂之趨可揔該五門之外皆於庭中遥奏采薺。云此謂步迎賓客者以其言行與趨是步迎之法可知也云王如有車出之事者則經車亦如之是也但車無行趨之法亦於門外奏采薺門內奏肆夏鄭知有登車於大寢西階之前反降於阼階之前者以書傳云天子將出撞黃鍾之鍾明知出入升降皆在階前可知出必撞黃鍾之鍾者黃鍾在子是陽生之月黃鍾又陽聲之首陽主動出而撞之云右五鍾者謂林鍾至應鍾右是陰陰主靜恐王大動故以右五鍾黃鍾是動以告靜者云入則撞蕤賓之鍾左五鍾皆應者蕤賓在午五月陰生之月陰主靜入亦是靜故撞蕤賓之鍾左五鍾謂大呂至中呂左是陽陽主動入靜以告動也云大師於是奏樂者謂王有此出入之時則大師於時奏此采薺肆夏也按曲禮云國君下卿位彼注云出過之而上車入未至而下車彼謂諸侯禮與天子禮異不得升降於階前也

凡射王以騶虞爲節諸侯以貍首爲節大夫以采蘋爲節士以采蘩爲節

騶虞采蘋采蘩皆樂章名在國風召南惟貍首在樂記射義曰騶虞者樂官備也貍首者樂會時也采蘋者樂循法也采蘩者樂不失職也是故天子以備官爲節諸侯以時會爲節卿大夫以循法爲節士以不失職爲節鄭司農說以大射禮曰樂正命大師曰奏貍首間若一大師不興許諾樂正反位奏貍首以射貍首曾孫。蘋音頻蘩音煩

【疏】凡射至爲節。釋曰凡此爲節之等者無問尊卑人皆四矢射節則不同故射人云天子九節諸侯七節大夫士五節尊卑皆以四節爲乘矢拾發其餘天子五節諸侯三節大夫士一節皆以爲先以聽先聽未射之時作之使射者預聽知射之樂節以其射法須其體比於禮其節比於樂而中多者乃得預於祭故須預聽但優尊者故射前節多也。注騶虞至曾孫。釋曰鄭知云騶虞采蘋采蘩皆樂章名者以其詩爲樂章故也云在國風召南者見關雎已

下爲周南鵲巢已下爲召南三篇見在召南卷內也云惟貍首在樂記者按樂記云左射貍首右射騶虞是也按射義亦云貍首曰曾孫侯氏四正具舉大小莫處御於君所不引之者鄭略引其一以證耳云射義已下者證用此篇之義也先鄭引大射者證大師用樂節之事云間若一者謂七節五節之間緩急稀稠如一彼諸侯禮故有樂正命大師此天子禮故樂師命大師也云貍首曾孫者貍首是篇名曾孫章頭即射義所云是也**凡樂掌其序事治其樂政**序事次序用樂之事〔疏〕凡樂至樂政。釋曰云凡樂者謂凡用樂之時也云掌其敘事者謂陳列樂器及作之次第皆序之使不錯繆云治其樂政者謂治理樂聲使得其正不濫放也**凡國之小事用樂者令奏鍾鼓**小事小祭祀之事〔疏〕凡國至鍾鼓。釋曰此小事鄭云小祭祀之事謂王玄冕所祭則天地及宗廟皆有鍾鼓樂師令之若大次二者之樂大司樂令之也此小祭有鍾鼓但無舞故舞師云小祭祀不興舞是也**凡樂成則告備**成謂所奏一竟書曰簫韶九成燕禮曰大師告于樂正曰正歌備〔疏〕注成謂至歌備。釋曰云成謂所奏一竟者竟則終也所奏八音俱作一曲終則爲一成則樂師告備如是者六則六成餘八變九變亦然故鄭引書簫韶九成爲證也又引燕禮者欲見彼諸侯燕禮大師告于樂正樂正告於賓與君此天子祭禮亦大師於樂成之時則大師告樂師樂師乃告王彼據燕禮此據祭禮事節相當故引爲證也

詔來瞽皋舞。鄭司農云瞽當爲鼓皋當爲告呼擊鼓者又告當舞者持鼓與舞俱來也鼓字或作瞽詔來瞽或曰來敕也敕爾瞽率爾衆工奏爾悲誦肅肅雍雍毋怠毋凶玄謂詔來瞽詔視瞭扶瞽者來入也皋之言號告國子當舞者舞。㝃音無下同瞭音了

疏 詔來瞽皋舞。釋曰到讀之云詔瞽來謂詔告視瞭扶瞽人來入升堂作樂也皋舞者謂號呼國子舞者使當舞。注鄭司至者舞。釋曰先鄭破瞽爲鼓後鄭從字或爲瞽於義是但文不足後鄭增成之耳云或曰來敕已下但瞽人無目而云敕爾瞽率爾衆工於義不可且奏爾悲誦等似逸詩不知何從而出故後鄭不從之玄謂詔來瞽者以來爲入按大祝云來瞽令皐舞注云來嗥者皆謂呼之入彼來爲呼之者以彼來上無字故以來爲呼之義與此無異也

詔及徹帥學士而歌徹學士國子也鄭司農云謂將徹之時自有樂故帥學士而歌徹玄謂徹者歌雍雍在周頌臣工之什

疏

及徹至歌徹○釋曰此亦文承祭祀之下亦謂祭末至徹祭器之時樂師帥學士而歌徹但學士主舞瞽人主歌令云帥學士而歌徹者此絕讀之然後合義歌徹之時歌舞俱有謂帥學士使之舞歌者自是瞽人歌雍詩也徹者主宰君婦耳○注學士至之什○釋曰鄭云學士國子也者此學士即下大胥職云掌學士之版以待致諸子故知學士是國子國子即諸子是也玄謂徹者歌雍者見論語云三家者以雍徹孔子云相維辟公天子穆穆奚取於三家之堂若然要有辟公助祭并天子之容穆穆乃可用雍詩徹祭器是大夫及諸侯皆不得用雍故知此云歌徹者歌雍詩也又云雍在周頌臣工之什者從清廟已下皆周頌但此雍在臣工之什內云之什什者謂聚十篇爲一卷故云之什也○**令相**令視瞭扶工鄭司農云告當相瞽師者言當罷也瞽師盲者皆有相道之者故師冕見及階曰階也及席曰席也皆坐曰某在斯某在斯曰相師之道與○見賢遍反下注同**疏**注令視至道與○釋曰此令相之文在祭祀歌徹之下者欲見大小祭祀皆有令相之事故於下揔結之鄭知令相令視瞭扶工者見儀禮扶工者皆稱相以其瞽人無目而稱工故云令視瞭扶工也先鄭引論語者亦見相是扶工也○**饗食諸侯序其樂事令**

奏鐘鼓令相如祭之儀〔疏〕饗食至之儀○釋曰言令鐘鼓令相其中詔來瞽歌徹等皆如之但祭祀歌雍而徹饗食徹器亦歌雍知者下大師與此文皆云大饗亦如祭祀登歌下管故知皆同也○燕射帥射夫以弓矢舞射夫衆耦也故書燕爲舞帥爲率射夫爲射矢鄭司農云舞當爲燕率當爲帥射矢書亦或爲射夫○食音嗣下注疏食同凡言饗食皆放此〔疏〕注射夫衆耦也○釋曰凡射有三番又天子六耦畿內諸侯四耦畿外諸侯三耦前番直六耦三耦等射所以誘射故也第二番六耦與衆耦俱射第三番又兼作樂經直云射夫鄭知衆耦者以其三番射皆弓矢舞若言六耦等不兼衆耦若言衆耦則兼三耦故鄭據衆耦而言也言執弓矢舞謂射時執弓挾矢及發矢其體比於禮其節比於樂節相應於樂節也○樂出入令奏鐘鼓樂出入謂笙歌舞者及其器○〔疏〕注樂出至其器○釋曰鄭知樂是笙歌已下者按禮樂記單出曰聲雜比曰音又云雜以干戚羽毛謂之樂凡此笙并瞽人歌者及國子舞者及器皆須出入故知樂中兼此數事也○凡軍大獻教愷歌遂倡之故書

倡爲昌鄭司農云樂師主倡也昌當爲倡書亦或爲倡○倡昌亮反【疏】凡軍至倡之○釋曰軍事言凡者有大軍旅王自行小軍旅遣臣去故言凡以該之云大獻者謂師克勝獻捷於祖廟也云教愷歌者愷謂愷詩師還未至之時預教瞽矇入祖廟遂使樂師倡道爲之故云遂倡之○**凡喪陳樂器則帥樂官**帥樂官往陳之【疏】凡喪至樂官○釋曰喪言凡者王家有大喪小喪皆有明器之樂器故亦然○言凡以該之明器之樂器者謂若檀弓云木不成斲瓦不成味琴瑟張而不平笙竽備而不和是也○注帥樂官往陳之○釋曰樂官亦謂笙師鎛師之屬廞樂藏之者也云往陳之者謂如既夕禮陳器於祖廟之前庭及壙道東者也**及序哭亦如之**哭此樂器亦帥之○【疏】注哭此至帥之○釋曰按小宗伯云及執事眡葬獻明器之材又獻素獻成皆於殯門外王不親哭有官代之彼據未葬獻材時小宗伯哭之此序哭明器之樂器文承陳樂器之下而云序哭謂使人持此樂器向壙及入壙之時序哭之也○**凡樂官掌其政令聽其治訟**治直吏反【疏】凡樂至治訟○釋曰凡樂官謂此已下大胥至司干皆無聽訟之事則皆樂師聽之耳○

大胥掌學士之版以待致諸子鄭司農云學士謂卿大夫諸子學舞者版籍也今時鄉戶籍世謂之戶版大胥主此籍以待當召聚學舞者卿大夫之諸子則按此籍以召之漢大樂律曰卑者之子不得舞宗廟之酎除吏二千石到六百石及關內侯到五大夫子先取適子高七尺巳上年十二到年三十顏色和順身體脩治者以爲舞人與古用卿大夫子同義○版音板酎直救反適丁歷反上時掌反下六上反

疏注鄭司至同義○釋曰先鄭知學士謂卿大夫諸子者按夏官諸子職云掌國子之倅則國中兼有元士之適子不言者以其漢法卑者之子不得舞宗廟之酎則元士之子不入故知卿大夫之諸子也知學舞者下云入學合舞故知也云不得舞宗廟之酎者按月令四月云天子與羣臣飲酎鄭注云酎之言醇謂重釀之酒春酒至此始成作此酎亦謂重釀之酒祭宗廟而用之祭未有相飲之法以宗廟言之云除吏二千石巳下在前漢紀注云漢承秦爵二十等五大夫九爵關內侯十九爵列侯二十爵宗廟舞人用貴人子弟與周同故先鄭引以爲證也既云取七尺以上而云十二到三十則十二者誤當云二十至三十何者按鄉大夫職云國中自七尺以及六十野自六尺以及六十有五皆征之按韓詩二十從役與

國中七尺同是七尺爲二十矣明不得爲十二也○

春入學舍采合舞春始以學士入學宮而學之合舞等其進退使應節奏鄭司農云舍采謂舞者皆持芬香之采或曰古者士見於君以雉爲摯見於師以菜爲摯菜直謂疏食菜羹之菜或曰學者皆人君卿大夫之子衣服采飾舍采者減損解釋盛服以下其師也月令仲春之月上丁命樂正習舞釋采仲丁又命樂正入學習樂玄謂舍即釋也采讀爲菜始入學必釋菜禮先師也菜蘋蘩之屬○舍音釋采音菜注同疏同所居反劉音蘇下戶嫁反〔疏〕注春始至之屬○釋曰云春始以學士入學者歲初貴始云學宮者則文王世子云春誦夏弦皆於東序是也云合舞等其進退使應節奏者謂等其舞者或進或退周旋使應八音奏樂之節合也按月令注春合舞者象物出地鼓舞也先鄭解舍采三家之說後鄭皆不從者按王制有釋菜奠幣文王世子又云始立學釋菜不舞不授器舍即釋也采即菜也故以爲學子始入學釋采禮先師也但學子始入學釋菜禮輕故不及先聖也其先師者鄭注文王世子云若漢禮有高堂生樂有制氏詩有毛公書有伏生知菜是蘋蘩之屬者詩有采蘋采蘩皆采名言之屬者周禮又有芹茆之等亦菜名也

秋頒學合聲春使之學秋頒其才

藝所爲合聲亦等其曲折使應節奏○折之設反○〔疏〕秋頒學合聲○釋曰春物生之時學子入學秋物成之時學子秋頒其才藝所爲頒分也分其才藝高下故鄭云春使之學秋頒其才藝所爲也云合聲者春爲陽陽主動舞亦動春合舞象物出地鼓舞秋爲陰陰主靜聲亦靜故秋合聲象秋靜也但舞與聲遞相合故鄭云合聲亦等其曲折使應節奏也○

以六樂之會正舞位大同六樂之節奏正其位使相應也言爲大合樂習之○爲于僞反〔疏〕以六至位○釋曰六樂者即六代之樂六舞雲門之等是也○注大同至習之○釋曰云大同者解經中會會合即大同也云大同六樂之節奏者謂六代之舞一一作之使節奏大同而無錯謬故云正其位使相應也云爲大合樂習之者按月令仲春上丁命樂正習舞釋菜季春云大合樂則此云六樂之會爲季春大合樂習之也若然此六樂之會與上春入學舍采合舞者別矣按文王世子云凡大合樂必遂養老注大合樂謂春入學舍采合舞秋頒學合聲則是合舞合聲與大合樂又爲一者季春大合樂與合舞合聲實別但春合舞秋合聲對春大合樂不爲大然於四時而言亦爲大合樂何者文王世子云凡大合樂必遂養老其中含有合舞合聲必知含此二者以其言凡非一按月令仲春習舞釋采天子親往視之季春云大合樂天子親往視之至仲春合聲雖不云天

子親往視之視之可知若然三者天子親往視之同則皆有養老之事則春合舞秋合聲皆得爲大合樂文王世子以大合樂爲合舞合聲解之也

以序出入舞者以長幼次之使出入不紕錯○紕匹毗反劉博雞反

【疏】注以長至紕錯○釋曰凡在學皆以長幼爲齒令爲舞者八八六十四人所須爲舞之處皆當以長幼出入若使幼者在前則爲紕錯故云使出入不紕錯也

比樂官比猶校也杜子春云次比樂官也鄭大夫讀比爲庀庀具也録具樂官○比鄭如字下同杜毗志反庀音匹婢反○

【疏】注比猶至樂官○釋曰杜子春云次比樂官者也與後鄭同鄭大夫以比爲庀録具樂官者雖與後鄭不同得爲一義故引之在下也○

展樂器展謂陳數之○數所主反

【疏】注展謂陳數之○釋曰樂器謂鼓鍾笙磬柷敔之等皆當陳列校數

凡祭祀之用樂者以鼓徵學士擊鼓以召之文王世子曰大昕鼓徵所以警衆○昕音欣

【疏】凡祭至學士○釋曰祭祀言凡者則天地宗廟之祀用樂舞之處以鼓召學士選之當舞者往舞焉舞師云小祭祀不興舞注云小祭祀王玄冕所祭則亦不徵學士也

序宮中之事

小胥掌學士之徵令而比之觵其不敬者比猶校也不敬謂慢期不時至也觵罰爵也詩云兕觵其觩○觵古橫反本或作觥同徐兕履反觩巨樛反○〔疏〕小胥至敬者○釋曰大胥掌學士之版以待召聚舞者小胥贊大胥爲徵令校比之知其在不仍觥其不敬者也○注比猶至其觩○釋曰引詩者是周頌絲衣之篇祭末飲酒恐有過失故設罰爵其時無犯非禮用爵觥然陳設而已引之者證觥是罰爵也○巡舞列而撻其怠慢者撻猶抶也抶以荊扑○撻吐達反抶勑乙反又勑栗反扑普卜反○〔疏〕注撻猶至荊扑○釋曰按文十八年齊懿公爲公子也與邴歜之父爭田不勝及即位乃掘而刖之而使歜僕納閻職之妻而使職驂乘公遊於申池二人浴于池歜以扑抶職職怒歜曰人奪汝妻而不怒一抶汝庸何傷是抶爲撻以荊故云扑也正樂縣之位王宮縣諸侯軒縣卿大夫判縣士特縣辨其聲樂縣謂鍾磬之屬縣於筍簴者鄭司農云宮縣四面縣軒縣去其一面判縣又去其一面特縣又去其一面四面象宮室四面有牆故謂之宮縣軒縣三面其形曲

故春秋傳曰請曲縣繁纓以朝諸侯禮也故曰惟器與名不可以假人玄謂軒縣去南面辟王也判縣左右之合又空北面特縣縣於東方或於階間而已○特本亦作犆音特笱息允反虡音巨去起吕反下同繁步干反朝直遥反辟音避○

疏 注樂縣至而已○釋曰云樂縣謂鍾磬之屬縣於筍虡者凡縣者通有鼓鎛亦縣之鄭直云鍾磬者據下成文而言先鄭云軒縣判縣特縣皆直云去一面不辯所去之面故後鄭增成之也所引春秋傳者按成二年左氏傳云衛孫良夫將侵齊與齊師遇敗仲叔于奚救孫桓子桓子是以免既衛人賞之以邑辭請曲縣繁纓以朝許之仲尼聞之曰惜也不如多與之邑惟器與名不可以假人注云諸侯軒縣闕南方形如車輿是曲也引之者證軒爲曲義也玄謂軒縣去南面避王也者若然則諸侯軒縣三面皆闕南面是以大射云樂人宿縣於阼階東笙磬西面其南笙鍾其南鎛皆南陳西階之西頌磬東面其南鍾其南鎛皆南陳又云一建鼓在西階之東南面注云言面者國君於其臣備三面爾無鍾磬有鼓而已其爲諸侯則軒縣是其去南面之事也以諸侯大射於臣備三面惟有鼓則大夫全去北面爲判縣可知云特縣縣於東方或於階間而已者按鄉飲酒記云磬階間縮霤注云縮從也霤以東西爲從是其階間也按鄉射云縣於洗

東北西南注云此縣謂縣磬也縣於東方避射位也是其東方也云而已者言其少耳○凡縣鍾磬半爲堵全爲肆鍾磬者編縣之二八十六枚而在一虡謂之堵鍾一堵磬一堵謂之肆半之者謂諸侯之卿大夫士也諸侯之卿大夫半天子之卿大夫西縣鍾東縣磬士亦半天子之士縣磬而已鄭司農云以春秋傳曰歌鍾二肆○堵丁古反○〔疏〕凡縣至爲肆○釋曰云凡縣鍾磬捴目語也所縣者則半之爲堵全之爲肆是也云堵者若牆之一堵肆者行肆之名二物乃可爲半者一堵半其一肆故云半爲堵全爲肆也○注鍾磬至二肆○釋曰經直言鍾磬不言鼓鎛者周人縣鼓與鎛之大鍾惟縣一而已不編縣故不言之其十二辰頭之零鍾亦縣一而已今所言縣鍾磬者謂編縣之二八十六枚共在一簴者也鄭必知有十六枚在一簴者按左氏隱五年考仲子之宮初獻六羽衆仲云夫舞所以節八音而行八風故以八爲數樂縣之法取數於此又倍之爲十六若漏刻四十八箭亦倍十二月之二十四氣故以十六爲數也是以淮南子云樂生於風亦是取數於八風之義也按昭二十年晏子云六律七音服注云七律爲七器音黄鍾爲宮林鍾爲徵大蔟爲商南吕爲羽姑洗爲角應鍾爲變宮蕤賓爲變徵外傳曰武王克商歲在鶉

火月在天駟日在析木之津辰在斗柄星在天黿鶉火及天駟七列也南北之揆七月也鳧氏爲鍾以律計自倍半一縣十九鍾鍾七律十二縣二百二十八鍾爲八十四律此一歲之閏數此服以音定之以一縣十九鍾十二鍾當一月十二月十二辰辰加七律之鍾則十九鍾一月有七律當一月之小餘十二月八十四小餘故云一歲之閏數按大射笙磬西面頌磬東面皆云其南鍾其南鎛北方直有鼓無鍾磬避射位則三面鍾磬鎛天子宮縣四面鍾磬鎛而已不見有十二縣服氏云十二縣非鄭義也云半之者謂諸侯之卿大夫士也又云諸侯之卿大夫半天子之卿大夫西縣鍾東縣磬者天子諸侯縣皆有鎛今以諸侯之卿大夫士半天子之卿大夫士言之則卿大夫士直有鍾磬無鎛也若有鎛不得半之亦耳必知諸侯卿大夫分鍾磬爲東西者以其諸侯一卿大夫稱判縣故知諸侯卿大夫以天子卿大夫判縣之一肆分爲西東也云士亦半天子之士者天子之士直有東方一肆二堵諸侯之士半之謂取一堵或於階間或於東方也先鄭引春秋者襄十一年鄭賂晉侯歌鍾二肆晉侯以樂之半賜魏絳魏絳於是乎始有金石之樂禮也按彼鄭賂晉侯止有二肆當天子卿大夫判縣故取半賜魏絳魏絳得之分爲左右故云始有金石之樂引之者證諸侯之卿大夫判縣有鍾磬

之義也

大師掌六律六同以合陰陽之聲陽聲黃鍾大蔟姑洗蕤賓夷則無射陰聲大呂應鍾南呂函鍾小呂夾鍾皆文之以五聲宮商角徵羽皆播之以八音金石土革絲木匏竹以合陰陽之聲者聲之陰陽各有合黃鍾子之氣也十一月建焉而辰在星紀大呂丑之氣也十二月建焉而辰在玄枵大蔟寅之氣也正月建焉而辰在娵訾應鍾亥之氣也十月建焉而辰在析木姑洗辰之氣也三月建焉而辰在大梁南呂酉之氣也八月建焉而辰在壽星蕤賓午之氣也五月建焉而辰在鶉首林鍾未之氣也六月建焉而辰在鶉火夷則申之氣也七月建焉而辰在鶉尾中呂巳之氣也四月建焉而辰在實沈無射戌之氣也九月建焉而辰在大火夾鍾卯之氣也二月建焉而辰在降婁辰與建交錯貿處如表裏然是其合也其相生則以陰陽六體爲之黃鍾初九也下生林鍾之初六林鍾

又上生大蔟之九二大蔟又下生南呂之六二南呂又上生姑洗之九三姑洗又下生應鍾之六三應鍾又上生蕤賓之九四蕤賓又下生大呂之六四大呂又上生夷則之九五夷則又下生夾鍾之六五夾鍾又上生無射之上九無射又上生中呂之上六同位者象夫妻異位者象子母所謂律取妻而呂生子也黄鍾長九寸其實一籥下生者三分去一上生者三分益一五下六上乃一終矣大呂長八寸二百四十三分寸之一百四大蔟長八寸夾鍾長七寸二千一百八十七分寸之千七十五姑洗長七寸九分寸之一中呂長六寸萬九千六百八十三分寸之萬二千九百七十四蕤賓長六寸八十一分寸之二十六林鍾長六寸夷則長五寸七百二十九分寸之四百五十一南呂長五寸三分寸之一無射長四寸六千五百六十一分寸之六千五百二十四應鍾長四寸二十七分寸之二十文之者以調五聲使之相次如錦繡之有文章播猶揚也揚之以八音乃可得而觀之矣金鍾鎛也石磬也土塤也革鼓鼗也絲琴瑟也木柷敔也匏笙也竹管簫也○匏白交反栲虛驕反娵子榆反呰子斯反大梁如字劉音泰降戶江反貿音茂取七喻反塤虛袁反

【疏】注以合至簫○釋曰此大師無目於音聲審故使合六律六同及五聲八音也鄭云以合陰陽之聲者聲之陰陽各有合

者六律爲陽六同爲陰兩兩相合十二律爲六合故云各有合也云黃鍾子之氣也十一月建焉而辰在星紀者以經云以合陰陽之聲即言陽聲黃鍾大蔟姑洗等據左旋而言云陰聲大呂應鍾南呂等據右轉而説其左右相合之義按斗柄所建十二辰而左旋日體十二月與月合宿而右轉但斗之所建建在地上十二辰故言子丑之等辰者日月之會會在天上十二次故言娵訾降婁之等以十二律是候氣之管故皆以氣言之耳以黃鍾律之首與大呂合故先言之云辰與建交錯貿處如表裏然是其合者貿易也謂若詩云抱布貿絲是貿易也十二月皆先言建後言辰皆覆之亦先言建後言辰是辰與建交錯貿易處互爲先後如似有表裏然是其交合也假令十一月先舉黃鍾後言星紀覆之則先舉大呂後言玄枵十二月皆然義可知也云其相生則以陰陽六體爲之者向上所説順經六律左旋六同右轉以陰陽左右爲相合若相生則六律六同皆左旋以律爲夫以同爲婦婦從夫之義故皆左旋鄭知有陰陽六體法者見律厤志云黃鍾初九律之首陽之變也因而六之以九爲法得林鍾林鍾初六呂之首陰之變也皆三天地之法也是其陰陽六體其黃鍾在子一陽爻生爲初九林鍾在未二陰爻生得爲初六者以陰故退位在未故曰乾貞於十一月子坤貞於六月未

也云同位者象夫妻異位者象母子者同位謂若黃鍾之初九下生林鍾之初六俱是初之第一夫婦一體是象夫婦也異位象子母謂若林鍾上生大蔟之九二二於第一爲異位象母子但律所生者爲夫婦呂所生者爲母子十二律呂律所生者常同位呂所生者常異位故云律取妻而呂生子也故曰黃鍾爲天統律長九寸林鍾爲地統律長六寸大蔟爲人統律長八寸林鍾位在未得爲地統者以未衝丑故也志又云十二管相生皆八八上生下生盡於中呂陰陽相生自黃鍾始而左旋八八爲伍又云皆參天兩地之法也注云三三而九二三而六上生下生皆以九爲法九六陰陽夫婦子母之道律取妻而呂生子天地之情也六律六呂而十二辰立矣五聲清濁而十日行矣鄭注皆取義於此也云黃鍾長九寸其實一籥者亦律厤志文按彼云子穀秬黍中者千有二百其實一籥彼又云黃鍾者律之實也云下生者三分去一上生者三分益一者子午已東爲上生子午已西爲下生東爲陽陽主其益西爲陰陰主其減故上生益下生減必以三爲法者以其生故取法於天之生數三也云大呂長八寸二百四十三分寸之一百四者以黃鍾之律爲本以八相生下生林鍾林鍾上生大蔟大蔟下生南呂已後皆然以此爲次今鄭以黃鍾大呂大蔟等相比爲次第不依相生爲次第者

鄭意既以上生下生得寸數長短乃依十二辰次第而言耳此之寸數所生以黃鍾長九寸下生林鍾三分減一去三寸故林鍾長六寸林鍾上生大蔟三分益一六寸益二寸故大蔟長八寸此三者以爲三統故無餘分大蔟下生南呂三分減一八寸取六寸減二寸得四寸在餘二寸寸爲三分合爲六分去二分四分在取三分爲一寸添前四寸爲五寸餘一分在是南呂之管長五寸三分寸之一也南呂上生姑洗三分益一五寸取三寸益一寸爲四寸又餘二寸者爲十八分又以餘一分者爲三分添前十八分爲二十一分益七分爲二十八分取二十七分爲三寸添前四寸爲七寸餘一分在是爲姑洗之管長七寸九分寸之一姑洗下生應鍾三分去一取六寸去二寸得四寸又以餘一寸者爲二十七分餘一分者爲三分添二十七分爲三十分減十分餘二十分是應鍾之管長四寸二十七分寸之二十自此已下相生皆以爲三分數而爲減益之法其義可知故不具詳也云文之者以調五聲使之相次如錦繡之有文章者謂據律呂以調五聲相次如錦繡有文章故名五聲爲文也此即八十一絲爲宮七十二絲爲商之等是也又云播猶揚也揚之以八音乃可得而觀之矣者五聲以律呂調之其八音亦使與律呂相應八音亦合五聲則絲是一但其聲發揚出聲故云播揚也云

可得觀者義取左氏季札請觀周樂故以觀言之也云金鍾鎛已下鄭以義約之按下瞽矇職云播鼗柷敔塤簫管弦歌眡瞭職云掌擊頌磬笙磬磬師掌擊編鍾鼓人掌教六鼓笙師掌教吹笙是樂器中有此鍾磬等八者鍾鎛以金爲之磬以石爲之塤以土爲之鼓鼗以革爲之柷敔以木爲之笙以插竹於匏但匏笙一也故鄭以笙解匏簫管以竹爲之故以鍾磬等釋金石等八音但匏笙亦以竹爲之以經別言匏故匏不得竹名也○教六詩曰風曰賦曰比曰興曰雅曰頌 教教瞽矇也風言賢聖治道之遺化也賦之言鋪直鋪陳今之政教善惡比見今之失不敢斥言取比類以言之興見今之美嫌於媚諛取善事以喻勸之雅正也言今之正者以爲後世法頌之言誦也容也誦今之德廣以美之鄭司農云古而自有風雅頌之名故延陵季子觀樂於魯時孔子尚幼未定詩書而因爲之歌邶鄘衛曰是其衛風乎又爲之歌小雅大雅又爲之歌頌論語曰吾自衛反魯然後樂正雅頌各得其所時禮樂自諸侯出頗有謬亂不正孔子正之曰比曰興比者比方於物也興者託事於物○興虛應反注皆同治直吏反下治功皆同鋪普吳反又音孚爲之于僞反下爲之爲作皆同邶步內反○

疏 教六至曰頌○釋曰按詩上下

惟有風雅頌是詩之名也但就三者之中有比賦興故揔謂之六詩也○注教教至於物○釋曰鄭知此教是教瞽矇者按下瞽矇職云諷誦詩故知教者教瞽矇也云風言賢聖治道之遺化也者但風是十五國風從關雎至七月則是揔號其中或有刺責人君或有襃美主上今鄭云言賢聖治道之遺化者鄭據二南正風而言周南是聖人治道遺化召南是賢人治道遺化自邶鄘已下是變風非賢聖之治道者也云賦之言鋪直鋪陳今之政教善惡者凡言賦者直陳君之善惡更假外物爲喻故云鋪陳者也云比見今之失不敢斥言取比類以言之興見今之美嫌於媚諛取善事以喻勸之者謂若關雎興后妃之類是也云雅正也言今之正者以爲後世法者謂若鹿鳴文王之類是也云頌之言誦也容也誦今之德廣以美之者凡言頌者美盛德之形容以其成功告於神明謂若清廟之頌文王之樂歌之類是也鄭司農云古而自有風雅頌之名已下後鄭從之故不破若然此經有風雅頌則在周公時明不在孔子時矣而先鄭引春秋爲證者以時人不信周禮者故以春秋爲證以與春秋同明此是周公所作耳按襄二十九年季札聘魯請觀周樂爲之歌邶鄘衛小雅大雅及頌等先鄭彼注云孔子自衛反魯然後樂正雅頌各得其所自衛反魯在哀公十一年當此時雅頌未定而云

爲歌大雅小雅頌者傳家據已定錄之言季札之於樂與聖
人同與此注違者先鄭兩解雖然據此經是周公時已有風
雅頌則彼注非也○**以六德爲之本** 所教詩必有知仁聖義忠和之道乃後可教以樂歌○知
音 **疏** 注所教至樂歌○釋曰凡受教者必以行爲本故使
智先有六德爲本乃可習六詩也按大司徒職云以鄉
三物教萬民一曰六德知仁聖義忠和又按師氏以三德教
國子至德敏德孝德此既教瞽矇故取教萬民之六德以釋
之耳○**以六律爲之音** 以律視其人爲之音知其宜何歌子貢見師乙而問曰賜也聞樂歌各有
宜若賜者宜何歌此問人
性也本人之性莫善於律 **疏** 注以律至於律○釋曰鄭云以律視其人爲之音知其宜
何歌者則大師以吹律爲聲又使其人作聲而合之聽人聲
與律呂之聲合謂之爲音或合宮聲或合商聲或合角徵羽
之聲聽其人之聲則知宜歌何詩若然經云以六律爲之音
據大師吹律共學者之聲合乃爲音似若曲合樂曰歌之類
也云子貢已下樂記文師乙乃魯之大師瞽之無目知音者
也故子貢不自審就師乙而問之云此問人之性者謂子貢
所問問人之性性即性宜見於聲氣故云本人之性莫
善於律也引之者證以律爲音本人性所宜之事也○大

祭祀帥瞽登歌令奏擊拊擊拊瞽乃歌也故書拊爲付鄭司農云登歌歌者在堂也付字當爲拊書亦或爲拊樂或當擊或當拊登歌下管貴人聲也玄謂拊形如鼓以韋爲之著之以穅○拊音撫○疏大祭至擊拊○釋曰謂凡大祭之時大師有此一事言帥瞽登歌者謂下神合樂皆升歌清廟故將作樂時大師帥取瞽人登堂於西階之東北面坐而歌者與瑟以歌詩也令奏擊拊者拊所以導引歌者故先擊拊瞽乃歌也歌者出聲謂之奏故云奏也○注擊拊至以穅○釋曰鄭云擊拊瞽乃歌也者見經云令奏擊拊故知擊拊乃歌也先鄭云樂或當擊或當拊者先鄭之意擊拊謂若尚書云擊石拊石皆是作用之名拊非樂器後鄭不從者此擊拊謂若下文鼓朄乃擊應鼙之類彼朄鼙是樂器則知此拊亦樂器也玄謂拊形如鼓以韋爲之著之以穅者此破先鄭拊非樂器知義如此者約白虎通引尚書大傳云拊革裝之以穅今書傳無者在亡逸中

下管播樂器令奏鼓朄鼓朄管乃作也特言管者貴人氣也鄭司農云下管吹管者在堂下朄小鼓也先擊小鼓乃擊大鼓小鼓爲大鼓先引故曰朄朄讀爲道引之引玄謂鼓朄言擊朄詩云應朄縣鼓○朄音胤道音導引之引並音胤疏

下管至鼓𣙖○釋曰凡樂歌者在上匏竹在下故云下管播樂器樂器即笙簫及管皆是聲出曰播謂播揚其聲令奏鼓𣙖者奏即播亦一也欲令奏樂器之時亦先擊𣙖導之也○注鼓𣙖至縣鼓○釋曰鄭云鼓𣙖管乃作也者亦如上注擊拊瞽乃歌云特言管者貴人氣也者以管簫皆用氣故云貴人氣若然先鄭云登歌下管貴人聲此後鄭云特言管者貴人氣不同者各有所對若以歌者在上對匏竹在下歌用人人聲爲貴故在上若以匏竹在堂下對鍾鼓在庭則匏竹用氣貴於用手故在階閒也後鄭云鼓𣙖猶言擊𣙖者此上下文拊與鼓皆言擊則此鼓謂出聲亦擊之類也詩云應𣙖縣鼓周頌有瞽篇也○

大饗亦如之〔疏〕大饗亦如之○釋曰此大饗謂諸侯來朝即大行人上公三饗侯伯再饗子男一饗之類其在廟行饗之時作樂與大祭祀同亦如上大祭祀師瞽登歌下管播樂器令奏皆同故云亦如之凡祭祀大饗及賓射升歌下管一皆大師令奏小師佐之其鍾鼓則大祝令奏故大祝云隋釁逆牲逆尸令鍾鼓右亦如之若賓射及饗鍾鼓亦當大祝令之與祭祀同也其小祭祀及小賓客文不見或無升歌之樂其外祭祀山川社稷皆準大祭祀令奏也

大射帥瞽而歌射節射節王歌騶虞〔疏〕注射

節王歌騶虞○釋曰言射節者謂若射人所云樂以騶虞九節貍首七節采蘋采蘩五節之類則大師爲之歌也○大師執同律以聽軍聲而詔吉凶大師大起軍師兵書曰王者行師出軍之日授將弓矢士卒振旅將張弓大呼大師吹律合音商則戰勝軍士強角則軍擾多變失士心宮則軍和士卒同心徵則將急數怒軍士勞羽則兵弱少威明鄭司農云以師曠曰吾驟歌北風又歌南風南風不競多死聲楚必無功○將子匠反卒子忽反下同呼火故反數所角反○[疏]注大師至無功○釋曰兵書者武王出兵之書云合音商則戰勝軍士強者商屬西方金金主剛斷故兵士強也角則軍擾多變失士心者東方木木主曲直故軍士擾多變失士心宮則軍和士卒同心者中央土土主生長又載四行故軍士和而同心徵則將急數怒軍士勞者南方火火主熛怒故將急數怒羽則兵弱少威明者北方水水主柔弱又主幽闇故兵弱少威明也先鄭引師曠曰者按襄公十八年楚子使子庚帥師侵鄭左傳曰甚雨及之楚師多凍役徒幾盡晉人聞有楚師師曠曰不害吾驟歌北風又歌南風南風不競多死聲楚必無功注云北風夾鍾無射以北南風姑洗南呂以南南律氣不至故死聲多吹律而言歌與風者出聲曰歌以律是

候氣之管氣則風也故言歌風引之者證吹律知吉凶之事也**大喪帥瞽而廞作匶謚**廞興也興言王之行謂諷誦其治功之詩故書廞爲淫鄭司農云淫陳也陳其生時行迹爲作謚○行下孟反下同〔疏〕大喪至匶謚○釋曰大喪言凡則大喪中兼王后雖婦從夫謚亦須論行乃謚之言帥瞽者即帥瞽矇歌王治功之詩廞作匶謚者匶即柩也古字通用之以其興喻王治功之詩爲柩作謚故云廞作柩謚是以瞽矇職云諷誦詩誄作謚時也○注廞興至作謚○釋曰云廞興也者先鄭以從古書廞作淫淫陳也周禮之內先鄭皆從淫爲陳後鄭皆爲興引之在下者以無正文亦得爲一義故也凡作謚謂將葬時故檀弓云公叔文子卒其子戍請於君曰日月有時將葬矣請所以易其名者曾子問云賤不誄貴幼不誄長天子稱天以誄之引公羊傳制謚於南郊是也**凡國之瞽矇正焉**從大師之政教〔疏〕注從大師之政教○釋曰大師是瞽人之中樂官之長故瞽矇屬焉而受其政教也

小師掌教鼓鼗柷敔塤簫管弦歌教教瞽矇也出音曰鼓鼗

如鼓而小持其柄搖之旁耳還自擊塤燒土爲之大如鴈卵簫編小竹管如今賣飴餳所吹者絃謂琴瑟也歌依詠詩也鄭司農云柷如漆筩中有椎敔木虎也塤六孔管如篪六孔玄謂管如篴而小併兩而吹之今大予樂官有焉○搖音遥本亦作搖飴以之反餳辭盈反李音唐筩音動○注教教椎直追反六空音孔篪音馳篴音狄併薄令反

〔疏〕至有焉○釋曰鄭知教瞽矇者按瞽矇所作樂器與此所要者同明此教教瞽矇也鄭知此經鼓非六鼓之鼓者按鼓人云掌教六鼓眡瞭職云掌大師之縣又云賓射皆奏其鍾鼓則六鼓鼓人教之眡瞭擊之非此小師教又瞽矇所作不言鼓明此鼓既在鼗已下諸器之上是出聲爲鼓也後鄭解鼗依漢法而知塤燒土爲之大如鴈卵先鄭云塤六孔者按廣雅云塤象秤錘以土爲之六孔故二鄭爲此解也云簫編小竹者按通卦驗云簫長尺四寸注云簫管形象鳥翼鳥爲火火成數七生數二二七一十四簫之長由此廣雅云簫大者二十四管小者十六管有底三禮圖云簫長尺四寸頌簫長尺二寸此諸文簫有長短不同古者有此制也云管如今賣飴餳所吹者先鄭云管如篪六孔按廣雅云管象篪長尺圍寸八孔無底八孔者蓋傳寫誤當從六孔爲正也云絃謂琴瑟也歌依詠詩也者謂工歌詩依琴瑟而詠之詩此即詩傳云曲合樂曰

歌亦一也故鄉飲酒之屬升歌皆有瑟依詠詩也若不依琴瑟即爾雅徒歌曰謡也先鄭云柷狀如漆箭中有椎敔木虎也者書云合止柷敔注云柷狀如漆箭而有椎合之者投椎其中而撞之敔狀如伏虎背有刻所以鼓之以止樂爾雅注云柷如漆桶方二尺四寸深一尺八寸敔如伏虎背上有二十七鉏鋙刻以木長尺櫟之玄謂管如篴而小併兩而吹之今大予樂官有焉者觀後鄭意以不與諸家同故引漢法大予樂官爲況也。

大祭祀登歌擊拊亦自有拊擊之佐大師令奏鄭司農云拊者擊石。令力呈反〔疏〕注亦自至擊石。釋曰鄭知小師亦自擊拊不共大師同擊拊者見大師下管鼓朄此小師下管別自擊拊不同明擊拊亦別可知但小師佐大師耳引先鄭拊爲擊石者先鄭上注已解拊與擊同後鄭不從令引之在下者以無正文引之或得爲一義故也。

下管擊應鼓應鞞也應與朄及朔皆小鼓也其所用別未聞。鞞薄西反。〔疏〕注應鞞至未聞。釋曰鄭知應是應鞞及有朔鞞者按大射一建鼓在阼階西南鼓應鞞在其東以是知應是應鞞彼又云一建鼓在西階之西朔鞞在其北是知有朔鞞也知皆小鼓者擊鼓者即鼙之漸先擊小後擊大故大射云應鞞在其東朔鞞在其北鞞者皆在人右鄭彼注云便其先擊小後擊大既便其事是鼙皆小鼓也云其所用別未聞者此上下祭祀之事有應有朄無朔大射有朔有應無朄凡言應者應朔鼙祭祀既有應明有朔但無文不可强定之故云用別未聞也**徹歌**於有司徹而歌雍〇〔疏〕注於有至歌雍〇釋曰鄭知徹祭器歌雍者見論語八佾云三家者以雍徹孔子云相維辟公天子穆穆奚取於三家之堂以三家無辟公助祭又無天子之容則諸侯亦不得用惟天子得用之是天子之容則徹器用徹詩故云歌雍也**大饗亦如之**〔疏〕大饗亦如之〇釋曰其大饗饗諸侯之來朝者徹器亦歌雍若諸侯自相饗徹器即歌振鷺故仲尼燕居云大饗有四焉云徹以振羽振羽當爲振鷺是其事也〇**大喪與廞**從大師〇與音預〔疏〕注從大師〇釋曰知從大師者見大師職云廞作匶謚此言與謂與在廞中明從大師也**凡小祭祀小樂事鼓朄**如大師鄭司農云朄小鼓名**掌六樂聲音之節與其和**和錞于〇和戶臥反同錞音淳本或作淳〔疏〕注和錞于〇釋曰鄭知和是錞于者見鼓人云金錞和鼓故知和是錞于也

瞽矇掌播鼗柷敔塤簫管弦歌播謂發揚其音（疏）瞽矇至絃歌。釋曰此八者皆小師教此瞽矇令於作樂之時播揚以出聲也諷誦詩世奠繫鼓琴瑟農云諷誦詩謂闇讀之不依詠也故書奠或爲帝鄭司誦謂詩也杜子春云帝讀爲定其字爲奠書亦或爲奠世奠繫謂帝繫諸侯卿大夫世本之屬是也小史主次序先王之世昭穆之繫述其德行瞽矇主誦詩并誦世繫以戒勸人君也故國語曰教之世而爲之昭明德而廢幽昏焉以休懼其動玄謂諷誦詩主謂厥作柩謚時也諷誦王治功之詩以爲謚世之而定其繫謂書於世本也雖不歌猶鼓琴瑟以播其音美之。奠音定繫戸計反注同剌七賜反瞍素口反行下孟反怵勑律反北本作休。（疏）諷誦至琴瑟。釋曰諷誦詩謂於王喪將葬之時則使此瞽矇諷誦王治功之詩觀其行以作謚葬後當呼之云世奠繫者奠定也謂辨其昭穆以世之序而定其繫繫即帝繫世本是也鼓琴瑟者詩與世本二者雖不歌詠猶鼓琴瑟而合之以美之也。注諷誦至美之。釋曰按上注云背文曰諷以聲節之曰誦別釋之此揔云闇讀之不依詠者語異義同背文與以聲節之皆是闇讀之不依琴瑟而詠也直背文闇讀之而已故雖有琴瑟猶不得爲曲合樂曰歌是以鄭云雖不歌猶鼓琴瑟以播其音美之也若然誦則以聲節之兼琴瑟則爲歌矣而得不爲歌者此止有諷而言誦者諷誦相將連言誦耳先鄭云諷誦詩主誦詩以刺君過并引國語皆是諫諍人君法度鄭不從而爲廞作柩謚時者以其與世繫連文皆是王崩後事不得爲諫諍是以大師廞作柩謚此瞽矇諷詩事相成故也子春與先鄭同但兼解世繫耳帝繫據王即經繫也諸侯卿大夫謂之世本即經世也云小史主次序先王之世昭穆之繫者小史職云奠繫世辨昭穆故知小史次序之云述其德行者取義於國語云爲之昭明德是也子春之意與先鄭同爲諫諍之事後鄭亦不從也國語者按楚語云莊王使士亹傅大子箴辭王卒使傳之問於申叔時申叔時曰教之春秋而爲之聳善而抑惡焉以戒勸之教之世而爲之昭明德而廢幽昏焉以休懼其動注云先王之繫世本使知有德者長無德者短子春引之者證帝繫世本之事後鄭云世之而定其繫謂書於世本以世與繫爲一事用之又對文言之王謂之帝繫諸侯卿大夫謂之世本散則通故云書於世本世本即帝王○繫

也○掌九德六詩之歌以役大師役爲之使

眡瞭掌凡樂事播鼗擊頌磬笙磬視瞭播鼗又擊磬磬在東方曰笙笙生也在西方曰頌頌或作庸庸功也大射禮曰樂人宿縣於阼階東笙磬西面其南笙鍾其南鑮皆南陳又曰西階之西頌磬東面其南鍾其南鑮皆南陳○頌衆家不音當依字戚音容○疏眡瞭至笙磬○釋曰按序官眡瞭三百人皆所以扶工以其扶工之外無事而兼使作樂故云掌凡樂事則播鼗已下至職末皆是也○注視瞭至南陳○釋曰云視瞭播鼗又擊磬者按小師教鼓鼗注云教教瞽矇瞽矇云掌播鼗今視瞭亦掌播鼗但有目不須小師教之耳故鄭云視瞭播鼗又擊磬是眡瞭兼掌鼗也云磬在東方謂之笙笙生也在西方曰頌頌或作庸庸功也者以東方是生長之方故云笙西方是成功之方故云庸庸功也謂之頌者頌者美盛德之形容以其成功告於神明故云頌言或作庸者尚書云笙庸以間孔以庸爲大鍾鄭云庸即大射頌○一也引大射者證東方之磬爲笙西方之磬爲頌之事也○

掌大師之縣大師當縣則爲之○疏注大師至爲之○釋曰按大司樂有宿縣之事小胥正樂縣之位大師無縣樂之事此大師之樂者大師掌六律六同五聲八音以其無目於音聲審本職雖不言縣樂器文

寄於此明縣之可知言當縣則爲之者以其有目故也○**凡樂事相瞽**相謂扶工○相息亮反注同○疏注相謂扶工○釋曰能其事曰工故樂稱工是以儀禮鄉飲酒鄉射燕禮大射皆言工相者以眡瞭有目瞽人無目須人扶持故也**大喪廞樂器大旅亦如之**旅非常祭於時乃興造其樂器○疏注旅非至樂器○釋曰大喪廞樂器謂明器故檀弓云木不成斲瓦不成味竹不成用琴瑟張而不平笙竽備而不和是沽而小耳是臨時乃造之大旅非常祭亦臨時乃造故云亦如之旅不用尋常祭器者以其旅是非常則其器亦如明器沽而小故文承明器而云亦如之也**賓射皆奏其鍾鼓**擊鱄以奏之其登歌大師自奏之○疏注擊鱄至奏之○釋曰鄭知擊鱄以奏之者見大師職云下管令奏鼓鱄以其鍾鼓與管俱在下管既擊鱄令奏則鍾鼓亦擊鱄奏之可知云其登歌大師自奏之者大師職見大祭祀登歌擊拊雖不言賓射賓射登歌自然大師令奏擊拊也若然大射之時鍾鼓眡瞭擊鱄登歌亦大師自奏也**鼜愷獻亦如之**愷獻獻功愷樂也杜子春云讀鼜爲憂戚之戚謂戒守鼓也擊鼓聲疾數故曰戚疏鼜愷獻亦

如之○釋曰鼜謂夜戒守之鼓愷獻謂戰勝獻俘之
時作愷樂二者皆視瞭奏其鍾鼓故云亦如之也○

典同掌六律六同之和以辨天地四方陰陽
之聲以爲樂器陽聲屬天陰聲屬地天地之聲布於四
方爲作也故書同作銅鄭司農云陽律
以竹爲管陰律以銅爲管竹陽也銅陰也各順其性凡十二
律故大師職曰執同律以聽軍聲玄謂律述氣者也同助陽
宣氣與之同皆以銅爲○〔疏〕注陽聲至銅爲○釋曰云陽聲屬天陰聲
屬地天地之聲布於四方者此典同既云
掌六律六同即覆云以辨天地四方陰陽之聲明天地四方
陰陽之聲還是六律六同也但於十二辰在陽辰爲律屬天
在陰辰爲同屬地十二律布在四方方有三也此即大師所
云六律左旋六同右轉陰陽相合者也先鄭云陽律以竹爲
管陰律以銅爲管竹陽也銅陰也各順其性并大師執同亦
爲銅字解之後鄭不從之故云律述氣者也同助陽宣氣與
之同皆以銅爲之鄭知義然者按律歷志云律有十二陽六
爲律陰六爲吕有三統之義焉其傳曰黄帝之所作也黄帝
使泠綸○自大夏之西應劭曰大夏西戎之國也崐崘之陰取
竹之解谷孟康曰解脱也谷竹溝也取○竹之脱無溝節者也

一說崐崘之北谷名也生其竅均厚者斷兩節間而吹之以爲黃鍾之宮制十二筩以聽鳳之鳴其雄鳴爲六雌鳴亦六此則上古用竹又按律歷志云度者分寸尺丈引也所以度長短也本起黃鍾之長一黍爲一分十分爲寸十寸爲尺十尺爲丈十丈爲引而五度審矣其法用銅是陽律用銅可知是後世用銅之明證也

凡聲高聲硍正聲緩下聲肆陂聲散險聲斂達聲贏微聲韽回聲衍侈聲筰弇聲鬱薄聲甄厚聲石

故書硍或作硍杜子春讀硍爲鏗鎗之鏗高謂鍾形容高也韽讀爲闇不明之闇筰讀爲行扈唶唶之唶石如磬石之聲鄭大夫讀硍爲衮冕之衮陂讀爲人短罷之罷韽讀爲鶉鴿之鴿鄭司農云鍾形下當䟫正者不高不下鍾形上下正傭玄謂高鍾形大上上大也高則聲上藏衮然旋如裏正謂上下直正則聲緩無所動下謂鍾形大下下大也下則聲出去放肆陂讀爲險陂之陂陂謂偏侈陂則聲離散也險謂偏弇也險則聲斂不越也達謂其形微大也達則聲有餘若大放也微謂其形微小也韽讀爲飛鉆涅闇之闇韽聲小不成也回謂其形微圜也回則其聲淫衍無鴻殺也侈謂中央約也侈則

聲迫窄出去疾也弇謂中央寬也弇則聲鬱勃不出也甄讀爲甄燿之甄甄猶掉也鍾微薄則聲掉鍾大厚則如石叩之無聲○硍古本反又胡本反吺彼義反韽劉音闇又於瞻反鄭於貪反戚於感反李烏南反侈昌氏反又式氏反筰側百反弇沈戚音掩劉於驗反甄音震注同硍音艱又苦耕反字林音限鏗苦耕反鎗初衡反劉初耕反唶側百反罷皮買反字或作罷音同桂林之間謂人短爲矲矮音苦買反鷂烏南反睥音婢李又乎蔡反一音豐已反或音蒲年反傭勑龍反形大上大音泰下形大下大厚同舊莞佐反上時掌反鉆張林反又其廉反戚或音沾劉又渠金反說文云鏗鎩也一曰膏車鐵鉆鎩竹涉反涅乃結反劉其兼反殺色界反舊色例反約如字戚於教反掉徒弔反劉奴較反

疏

注故書至無聲○釋曰此十二種並是鍾之病此職掌十二律之鍾是十二辰之零鍾非編者直言病鍾者欲見除此病外即是鍾之善者故言病鍾而已杜子春讀硍爲鏗鎗之鏗者讀從樂記鍾聲鏗鏗以立號是鏗鎗之鏗後鄭不從又讀筰爲行扈唶唶之唶讀從左氏傳少皞以鳥名官有行扈唶唶後鄭亦不從也云石如磬石之聲者磬用石者故讀從磬聲後鄭增成之鄭大夫讀硍爲衮冕之衮取音同後鄭從之吺讀爲人短罷之罷從俗語讀之後鄭不從韽讀爲鶉䳺之䳺讀

從孝經緯後鄭亦不從此讀鄭司農云下謂鍾形下當踦後鄭不從云正者不高不下鍾形上下正傭後鄭增成其義玄謂高鍾形大上下大也高則聲上藏衮然旋如裏。者言旋如裏謂聲周旋如在裏。云正謂上下直正則聲緩無所動者由無鴻殺故也云下謂鍾形大下下大也下則聲出去放肆者由下大故也鄭知上是上大下是下大者以其正是上下直則上是上大下是下大可知故爲此解云陂讀爲險陂之陂者讀從詩序險陂私謁之心陂是偏私之意故爲偏侈也云險謂偏弇也者此險與陂相對陂既爲偏侈故險爲偏弇也云達謂其形微大也者凡物大則疏達故爲微大對高爲上大故此達爲微大微大則聲有餘若大放也云微謂其形微小也者此微對達達爲微大則微爲微小矣云韽讀爲飛鉗涅闇之闇者謂鬼谷子有飛鉗揣摩之篇皆言從橫辨說之術飛鉗者言察是非語飛而鉗持之揣摩者云揣人主之情而摩近之云韽聲小不成也者飛鉗涅闇使之不語此鍾聲韽亦是聲小不成也云回謂其形微圜也者凡鍾依梟氏所作若鈴不圜今此回而微圜故聲淫衍無鴻殺也云侈謂中央約也者此非偏侈謂鍾口揔寬則聲迫筰出去疾由口寬故也云弇謂中央寬者此與侈相對侈既口揔寬則弇是口揔狹是中央寬也云弇則聲鬱勃不出也者由口籠故也云甄讀從甄燿之甄者讀從春秋緯甄燿度之篇名云甄猶掉也鍾微薄則聲掉者由薄故也云鍾大厚則如石者按鳧氏爲鍾云鍾已厚則石已薄則播是故大鍾十分其鼓間以其一爲之厚小鍾十分其鉦間以其一爲之厚是厚薄得中也

凡爲樂器以十有二律爲之數度以十有二聲爲之齊量數度廣長也齊量侈弇之所容。齊才計反注同廣古曠反長直亮反。疏注數度至所容。釋曰樂器據典同所作謂鍾也云以十有二律爲之度數者依律歷志云古之神瞽度律均鍾以律計倍半假令黃鍾之管長九寸倍之爲尺八寸又九寸得四寸半捴二尺二寸半以爲鍾口之徑及上下之數自外十二辰頭皆以管長短計之可知故云度數廣長也廣則口徑長則上下也云以十有二聲爲之齊量者十二聲則十二辰零鍾鍾則聲也十二鍾皆有所容多少之齊量故云侈弇之所容者上文侈弇雖是鍾病所容多少則依法故舉侈弇見文而言也

凡和樂亦如之和謂調其故器也。疏注和謂至器也。釋曰鄭知調故器者上文凡爲樂器是新造者今更言和樂明是調故器知聲得否及容多少當依法度也

附釋音周禮注疏卷第二十三

南昌盧宣旬校

江西南昌府學開雕

知南昌府張敦仁署鄱陽縣候補知州周澍栞

周禮注疏卷二十三挍勘記　　阮元撰盧宣旬摘錄

附釋音周禮注疏卷第二十三

樂師

有帗舞　漢讀考云說文翇樂舞執全羽以祀社稷也从羽犮聲讀若紱大鄭云全羽正以其字從羽知之也疑今注有脫誤當云故書帗作翇皇作䍿鄭司農云翇舞者全羽社稷以翇蓋大鄭從故書與許同後鄭從今書作帗也地官舞師職當亦然

羽舞爲析羽相對解之　惠挍本無相此衍

魚尾雞喙　宋本作㖩

趨以釆薺　唐石經諸本同釋文作釆齊云本又作薺

以鍾鼓爲節　唐石經余本岳本嘉靖本同閩監毛本鍾改鐘注及疏同

則皆迎法　閩本同監毛本皆下有有字

云趍以采薺　閩監毛本趍作趨下並同

既言趍以采薺　閩本同監毛本薺誤齊

皆於庭中遙奏采薺　閩本同監毛本下有矣

惟貍首在樂記　余本嘉靖本惟作唯

卽燕義所云是也　義爲是　惠校本閩本同誤也監毛本改作射

云掌其敘事者　閩監毛本敘作序

又引燕禮者　惠校本閩本同監毛本引作云非

詔來瞽臯舞　說文臯气臯白之進也从本从白禮祝曰臯登歌曰奏故臯奏皆从本周禮曰詔來鼓臯舞臯告之也按鄭司農云瞽當爲鼓臯當爲告後鄭云臯之言號告國子當舞者舞先鄭以瞽爲鼓與許同後鄭則如字讀臯

爲呼號卽告義也不必易字後鄭與許同

亦謂祭未至徹祭器之時　浦鏜云未誤末

其中詔來瞽歌徹笄皆如之　宋本瞽作鼓

帥射夫以弓矢舞　監本帥誤師

率當爲帥　漢讀考云率與帥今人混用而漢人分別毛詩率時農夫韓詩作帥時農夫周禮帥都建旗說文作率都建旗聘禮注曰古今帥皆作率凡周禮帥字故書當皆作率

雜以干戚羽毛謂之樂　浦鏜云旄訛毛

軍事言凡者　孫志祖云監本事誤士

故亦然言凡以該之　浦鏜云然衍字

笙竽備而不和是也　惠校本作竽笙此倒眡瞭疏引作竽笙

眡葬獻明器之材　閩本同監毛本眡葬下有獻器遂哭注云至將葬十字○案此因兩獻字相重而誤脱也以監毛本爲是

大胥

則按此籍以召之　閩監毛本同余本岳本嘉靖本漢制考按皆作案

先取適子高七尺已上　釋文作以上此作已非

年十二到年三十　閩監毛本及漢制考所引同余本嘉靖本十二作二十按賈疏云十二者誤當云二十至三十然則舊本皆作十二作二十者據賈疏改也惠士奇云劉昭引此亦作十二似非誤

祭未有相飲之法　漢制考未作末此誤

謂舞者皆持芬香之采　漢讀考云采當作菜

士見於君以雉爲摯　余本嘉靖本同閩監毛本摯作贄非下句仍作摯毛本士誤七

鄭大夫讀比爲庀 釋文作爲庇

注云小祭祀 宋本無云

小胥

祭未飲酒 閩本同監毛本未改不按未當爲末

士特縣 釋文特作犆云本亦作特唐石經缺

縣於筍虡者 毛本虡改簴按釋文作簨葉鈔本作簴

云樂縣謂鍾磬之屬縣於簨簴者 閩監毛本簴作虡

樂人宿縣于阼階東 閩本同監本于誤牙毛本改於

其南鍾其南鑮 閩監毛本鑮誤鏄

國君於其臣備二面爾 閩監毛本二作三

鄭司農云以春秋傳曰 段玉裁云當作鄭司農說

分爲東西也 監本作西東

大師

正月建焉而辰在娵訾 毛本焉誤寅嘉靖本娵作陬

蕤賓又下生大吕之六四大吕又上生夷則之九五夷則又下生夾鍾之六五夾鍾又上生無射之上九 閩監毛本本皆本嘉靖本下生皆作上生上生皆作下生當據以訂正盧文弨曰禮記月令正義春秋昭二十年正義引此注皆不誤 同誤也余

黄鍾大族沽洗等 閩監毛本作姑洗下並同

林鍾初九 閩本同誤也監毛本改作初六是

皆三天地之法也浦鏜云當作皆參天兩地

異位者象母子者今注作子母蓋誤倒當從賈所引

其實一籥者監本實誤貴一字空缺

而因爲之歌邶鄘衛閩監毛本同余本嘉靖本惠挍本因作曰

以六德爲之本唐石經嘉靖本本作夲

乃後可教以樂歌余本嘉靖本同閩監本乃作然毛本後誤夜

令奏擊拊唐石經諸本同浦鏜云此及下令字鄭注樂記會守拊鼓下引作合以證會義經如作令則當音力呈反如小師職注大師令奏是令釋文無音明本不作令挍孔氏正義本作合故云謂大師合奏樂之時先擊拊而合奏之又云合奏時親擊輴以奏之宋本禮記注疏二合字皆改作令非賈疏令奏鼓輴云欲令奏樂器之時亦先擊輴導之也當本作合奏樂器

主歌騶虞　閩監毛本同誤也余本嘉靖本主作王此本疏中標注亦作王當據以訂正

鄭司農云以師曠曰　閩監毛本同誤也余本岳本嘉靖本云作說當據正

沽洗南呂以南　閩監毛本改姑洗非賈疏多用沽字

作匶謚　唐石經諸本同岳本謚改諡非○按用毛居正之謬說也

誦作謚時也　惠挍本無也浦鏜云誦誤誦

小師　毛本小字空缺

簫管弦歌　唐石經余本嘉靖本毛本同閩監本弦改絃注及疏同

出音曰鼓　嘉靖本音下有者六經正誤云出音者曰鼓闕者字○按嘉靖本者字誤衍有者字則鼓柷敔可通而塤簫管弦不可通凡出其音皆曰鼓非必有他物以出之也毛氏居正以有者字與其改鼓爲鼓之說相合乃從此誤本而謂無者闕矣

如今賣飴餳所吹者閩毛本同余本嘉靖本監本餳作餳釋文飴餳辭盈反李音唐此本疏及載音義皆作餳○按从易是也

管如篪六孔余本嘉靖本閩監毛本同岳本篪作箎爲是篪从虒聲

元謂管如篴而小孫志祖云詩周頌有瞽疏引鄭注而作形

併兩而吹之惠校本無兩

今大子樂官有焉嘉靖本閩監毛本同誤也余本岳本子作于當據正疏中同○按光武樂曰大子見後漢書及文選兩都賦注

烏爲火火成數七此本剜剩一火字閩監毛本排入

升歌皆有瑟閩監毛本瑟誤琴

敔狀如木虎浦鏜云伏誤木

鄭知徹祭器歌詩者　惠挍本詩作雍此誤

鄭司農云鞞小鼓名　此本及閩監本脱農字今據余本嘉靖本毛本補正

瞽矇

簫管弦歌　監本歌誤細

故書箴或爲帝　岳本云或作帝

以怵懼其動　釋文云怵懼北本作休按國語楚語作休韋昭曰休嘉也北本是賈疏引國語亦作休

莊王使士亹傅大子箴　惠挍本閩本同此本箴字模糊監毛本遂誤作藏

以休懼其動　閩監毛本依注改怵懼非

即帝王繫也　宋本作王帝

眡瞭

視瞭播鼗　毛本視改眡，非。

注視瞭至南陳　閩、監、毛本視改眡。

大師當縣則爲之　嘉靖本、閩、監、毛本同。余本當作掌。盧文弨曰：按疏是當字。

小胥正樂縣之位　此本及閩本位誤磬，監本誤差。今據毛本訂正。

杜子春云讀鼗爲憂戚之戚　余本、嘉靖本無云，此衍。

典同

故書同作銅　按此疑當爲故書銅作同。司農從今書作銅，後鄭從故書作同。經文不作六銅者，從後鄭本也。尚書顧命篇亦今文作銅，古文作同。○按前説非也。故書作銅，注甚明了，未可牽合尚書顧命今文古文而疑之。謂書禮今文必銅字，書禮古文必同字，失之固矣。

執同律以聽軍聲　漢讀考作執銅律。按此據先鄭本耳。今大師職作同，從後鄭本也。

皆以銅爲 余本嘉靖本同閩本爲下剜擠之字監毛本因之按此本疏中標起訖云注陽聲至銅爲亦無之字亦閩本剜擠監毛本承其誤

方有三也 閩本同監毛本三改四誤

六律右旋 浦鏜云左誤右

黃帝使泠綸自大夏之西 惠校本作泠淪此與漢志同閩監毛本改伶倫非

取竹之脫無溝節者也 惠校本無取此衍

生其竅均厚者 惠校本作厚均

七丈爲引 浦鏜云十誤七

微聲韽 唐石經諸本同閩監本韽作韽毛本作韽皆譌

杜子春讀䃂爲鏗鎗之鏗 毛本鏗鎗誤鏗鏘漢讀考䃂作硍云此杜從作硍之本而易爲

鏗字今本作讀硜誤音義硜鏗皆苦耕反陸時蓋未誤也

䯝讀爲鶡鴿之鴿　閩監本䯝皆誤䯝漢讀考云爲當作如

鍾形下當蹕　閩監毛本同誤也余本嘉靖本蹕作䟆當據正釋文䟆作婢

衺然旋如裏　余本嘉靖本閩監毛本同岳本惠挍本裏作裹按衺裹一聲之轉故讀從之衺亦與卷通卷旋卽裹義也蓋作裹是釋曰言旋如裹謂聲周旋如在裹是賈本作裹字

䯝讀爲飛鉆涅䯝之䯝　釋文作飛鉆賈疏作飛鉗云言察是非語飛而鉗持之集韻二十四鹽二十五沾皆云鬼谷篇有飛鉆涅闇段玉裁云集韻所本者是也涅當作涅闇之闇

甄讀爲甄燿之甄　余本嘉靖本閩監本同毛本燿作耀按賈疏本作燿云讀從春秋緯甄燿度○按甄燿卽震燿古人震多讀平聲古本作燿者亦當讀爲燿

甄猶棹也　閩監本同誤也余本嘉靖本毛本棹作掉當據正下同釋文出掉也二字○按皃氏云長甬則

震注云鐘掉則聲不正亦以掉釋震是知甄震一字甄爲震之假借也震有平去二音甄亦可平可去故集韻云甄之刃切掉也鐘病聲

麥然旋如裹者　惠挍本裹作褭下並同

此險與陂相對　惠挍本陂作詖

皆言從橫辨說之術　惠挍本辨作辯

故云侈弇之所容者　浦鏜云者當也字誤

周禮注疏卷二十三挍勘記終

南昌袁泰開挍

附釋音周禮注疏卷第二十四

鄭氏注　賈公彥疏

磬師掌教擊磬擊編鍾教教視瞭也磬亦編於鍾言之者鍾有不編不編者鍾師擊之杜子春讀編爲編書之編〈疏〉注教教至之編○釋曰鄭知教教視瞭者視瞭職云掌播鼗擊笙磬頌磬皆然視瞭不言擊鍾知亦教視瞭擊編鍾者以磬是樂縣之首故特舉此言其實編鍾亦視瞭擊之故鎛師注云擊鍾者亦視瞭也云磬亦編於鍾言之者鍾有不編不編者鍾師擊之者鄭知鍾有不編者以此經云擊磬不言編則磬無不編以其無可對故不言編鍾言編則對不編者故鄭云磬亦編於鍾言之者鍾有不編不編者鍾師自擊之也鄭必知鍾有不編使鍾師自擊者以其言教視瞭擊編鍾明不編者不教視瞭不教者自擊之可知是以鍾師云掌金奏又云以鍾鼓奏九夏明是鍾不編者十二辰零鍾也若書傳云左五鍾右五鍾也杜子春讀編爲編書之編者按史記孔子讀易韋編三絕是古者未有紙皆以韋編竹簡此鍾磬亦編之十六枚在一簴故讀從之也○教縵樂燕樂

之鍾磬杜子春讀縵爲怠慢之慢玄謂縵讀爲縵錦之縵謂雜聲之和樂者也學記曰不學操縵不能安弦燕樂房中之樂所謂陰聲也二樂皆教其鍾磬○縵莫半反杜音慢操七曹反〔疏〕注杜子至鍾磬○釋曰子春讀縵爲慢後鄭不從之也玄謂縵讀爲縵錦之縵者時有縵錦之言依俗讀之也云謂雜聲之和樂者也者謂雜弄調和引學記爲證按彼鄭注云操縵雜弄即今之調辭曲若不學調弦則不能安意於弦也云燕樂房中之樂者此即關雎二南也謂之房中者房中謂婦人后妃以風喻君子之詩故謂之房中之樂

凡祭祀奏縵樂

鍾師掌金奏金奏擊金以爲奏樂之節金謂鍾及鎛○〔疏〕注金奏至及鎛○釋曰此即鍾師自擊不編之鍾凡作樂先擊鍾故鄭云金奏擊金以爲奏樂之節是以下云以鍾鼓奏九夏亦先云鍾也鄭云金謂鍾及鎛者以是二者皆不編獨縣而已○

凡樂事以鍾鼓奏九夏王夏肆夏昭夏納夏章夏齊夏族夏祴夏驁夏以鍾鼓者先擊鍾次擊鼓以奏九夏夏大也樂之大歌有九故書納作內杜子春云內當爲納祴讀爲陔鼓之陔王出入奏王夏尸

出入奏肆夏牲出入奏昭夏四方賓來奏納夏臣有功奏章夏夫人祭奏齊夏族人侍奏族夏客醉而出奏陔夏公出入奏鷔夏肆夏詩也春秋傳曰穆叔如晉晉侯享之金奏肆夏天三°不拜工歌文王之三又不拜歌鹿鳴之三三拜曰三夏天子所以享元侯也使臣不敢與聞肆夏與文王鹿鳴俱稱三謂其三章也以此知肆夏詩也國語曰金奏肆夏繁遏渠天子所以享元侯肆夏繁遏渠所謂三夏矣呂叔玉云肆夏繁遏渠皆周頌也肆夏時邁也繁遏執傹也渠思文°肆遂也夏大也言遂於大位謂王位也故時邁曰肆于時夏允王保之繁多也遏止也言福祿止於周之多也故執傹曰降福穰穰降福簡簡福祿來反渠大也言以后稷配天王道之大也故思文曰思文后稷克配彼天故國語謂之曰皆昭令德以合好也玄謂以文王鹿鳴言之則九夏皆詩篇名頌之族類也此歌之大者載在樂章樂崩亦從而亡是以頌不能具°納夏本或作夏納齊側皆反本作齋裓古哀反鷔五羔反劉五到反使色吏反與音預遏於葛反傹音競詩作競穰如羊反好呼報反

（疏）注以鍾至能具○釋曰云以鍾鼓者先擊鍾次擊鼓者鍾師直擊鍾不擊鼓而兼云鼓者凡作樂先擊鍾次擊鼓欲見鼓鍾先後次第故兼言之也鍾中得奏九夏者謂堂上歌之堂下以鍾鼓應之故左氏傳云晉侯歌鍾

二肆亦謂歌與鍾相應而言也云夏大也者欲明此九夏者皆詩之大者故云樂之大歌有九杜子春云祴讀爲陔鼓之陔者漢有陔鼓之法故樂師先鄭云若今時行禮於大學罷出以鼓陔爲節故讀從之也云王出入奏王夏尸出入奏肆夏牲出入奏昭夏者皆大司樂文云四方賓來奏納夏臣有功奏章夏夫人祭奏齊夏族人侍奏族夏者此四夏皆無明文或子春別有所見故後鄭從之云賓醉而出奏陔夏者賓醉將出奏之恐其失禮故陔切之使不失禮是以鄉飲酒鄉射燕禮大射賓醉將出之時皆云奏陔云公出入奏驁夏者按大射云公入奏驁夏是諸侯射於西郊自外入時奏驁夏不見出時而云出者見樂師云行以肆夏趨以采薺出入禮同則驁夏亦出入禮同故兼云出也此九夏者惟王夏惟天子得奏諸侯已下不得其肆夏則諸侯亦當用故燕禮奏肆夏大夫已下者不得故郊特牲云大夫之奏肆夏由趙文子始明不合也其昭夏已下諸侯亦用之其驁夏天子大射入時無文故子春取大射公入驁以明天子亦用也云肆夏詩也者子春之意九夏皆不言詩是以解者不同故杜注春秋云肆夏爲樂曲名今云肆夏詩則九夏皆詩後鄭從之春秋傳曰已下襄公四年傳文云俱稱三謂其三章者此皆篇而云章者子春之意以章名篇耳引國語曰金奏肆夏繁遏渠

天子所以享元侯者歌詩尊卑各別若天子享元侯升歌肆夏頌合大雅享五等諸侯升歌大雅合小雅享臣子歌小雅合鄉樂若兩元侯自相享與天子享巳同五等諸侯自相享亦與天子享巳同諸侯享臣子亦與天子享臣子同燕之用樂與享同故燕禮燕臣子升歌鹿鳴之等三篇襄四年晉侯享穆叔爲之歌鹿鳴云君所以嘉寡君是享燕同樂也云所謂三夏矣者即上引春秋肆夏三不拜三是三夏故云三夏吕叔玉者是子春引之者子春之意與叔玉同三夏並是在周頌篇故以時邁執競思文三篇當之後鄭不從者見文王大明緜及鹿鳴四牡皇皇者華皆舉見在詩篇名及肆夏繁遏渠舉篇中義意故知義非也玄謂以文王鹿鳴言之則九夏皆詩篇名者以襄四年晉侯享穆叔奏肆夏與文王鹿鳴同時而作以類而言文王鹿鳴等既是詩明肆夏之三亦是詩也肆夏既是詩則九夏皆詩篇名也云頌之族類也者九夏並是頌之族類也云此歌之大者以其皆稱夏也云載在樂章者此九夏本是頌以其大而配樂歌之則爲樂章載在樂章也云樂崩亦從而亡是以頌不能具者樂崩在秦始皇之世隨樂而亡頌内無故云頌不能具也○凡祭祀饗食奏燕樂以鍾鼓奏之○疏注以鍾鼓奏之○釋曰饗食謂與諸侯行饗食

之禮在廟故與祭祀同樂故連言之知以鍾鼓奏之者以其鍾師奏九夏用鍾鼓故知此燕樂亦用鍾鼓奏之可知也○

凡射王奏騶虞諸侯奏貍首卿大夫奏采蘋士奏采蘩鄭司農云騶虞聖獸〈疏〉凡射至采蘩○釋曰言凡射則大射賓射等同用此爲射節故言凡射人與樂師辨其節數於此見其作樂人爲之故數職重言○注騶虞聖獸○釋曰按異義今詩韓魯說騶虞天子掌鳥獸官古毛詩說騶虞義獸白虎黑文食自死之肉不食生物人君有至信之德則應之周南終麟止召南終騶虞俱稱嗟歎之皆獸名謹按古山海經鄭書云騶虞獸說與毛詩同是其聖獸也○

掌鼙鼓縵樂鼓讀如莊王鼓之○鼓玄謂作縵樂擊鼙以和之○和胡臥反〈疏〉注鼓讀至和之○釋曰鼓讀如莊王鼓之○鼓者讀從左氏傳莊王親鼓之○鼓玄謂作縵樂擊鼙以和之○者此官主擊鼙於磬師作縵樂則鍾師擊鼙以和之○

笙師掌教龡竽笙塤籥簫篪篴管舂牘應雅以教祴樂教教視瞭也鄭司農云竽三十六簧笙十三簧篪七空舂牘以竹大五六寸長七尺

短者一二尺其端有兩空髤畫以兩手築地應長六尺五寸其中有椎雅狀如漆筩而弇口大二圍長五尺六寸以羊韋鞔之有兩紐疏畫杜子春讀篴爲蕩滌之滌今時所吹五空竹篴玄謂篴如篴三空祴樂祴夏之樂牘應雅教其春者謂以築地笙師教之則三器在庭可知矣賓醉而出奏祴夏以此三器築地爲之行節明不失禮○歙昌垂反竽音于牘音獨或大錄反空音孔下同髤香牛反或七利反鞔莫干反

〔疏〕注教教至失禮○釋曰此樂器瞽矇有視瞭無所以知不教瞽矇者按小師云教鼓鼗柷敔塤簫管弦歌注云教教瞽矇也以小師在瞽矇之上又瞽矇所作與小師同故知小師所教瞽矇笙師所教文在視瞭之下不可隔視瞭教瞽矇其視瞭雖不云其器明所教教視瞭也先鄭云竽三十六簧笙十三簧者按通卦驗竽長四尺二寸注云竽管類用竹爲之形參差象鳥翼鳥火禽火數七冬至之時吹之冬木用事木數六六七四十二竽之長蓋取於此也笙十三簧廣雅云笙以匏爲之十三管宫管在左方竽象笙三十六管宫管在中央禮圖云竽長四尺二寸此竽三十六簧與禮圖同云箎七空者廣雅云箎以竹爲之長尺四寸八孔一孔上出寸三分禮圖云箎九空司農云七孔蓋寫者誤當云八空也或司農別有所見云春牘以竹大五六寸長七尺短者一二尺

其端有兩空髤畫以兩手築地應長六尺五寸其中有椎雅狀如漆筩而弇口大二圍長五尺六寸以羊韋鞔之有兩紐疏畫者此皆約漢法知之而言鄭注巾車髤赤多黑少之色疏畫者長疏而畫之子春讀篴爲蕩滌之滌讀從邾特牲臭味未成滌蕩其聲之滌云今時所吹五空竹篴後鄭從之也玄謂祴樂祴夏之樂者以其鍾師有祴夏此祴樂與之同故知此所教祴樂是鍾師所作祴夏者也云笙師教之則三器在庭可知矣者以其笙管在堂下近堂則三者亦在堂下遠堂在庭可知云賓醉而出奏祴夏者此則鄉飲酒及鄉射之等賓出奏陔是也云以此三器築地爲之行節明不失禮者三器言舂舂是向下之稱是其築地與祴樂連文明與祴樂爲節可知也經中樂器不解塤與簫管者上文已釋也

凡祭祀饗射共其鍾笙之樂鍾笙與鍾聲相應之笙。疏注鍾笙至之笙。○釋曰鄭爲此解者以其笙師不掌鍾而兼言鍾故知義然也

燕樂亦如之疏燕樂亦如之。○釋曰言亦如之者謂作燕樂亦如上共其鍾笙之樂也。

大喪廞其樂器及葬奉而藏之廞興也興謂作之奉猶送疏注廞興至猶送。○釋曰此所興作即上竽笙已

下皆作之送之於壙而藏之也大旅則陳之陳於饌處而已不涖其縣（疏）注陳於至其縣○釋曰此經直言陳之明陳於饌處而已不臨其縣其臨縣者大司樂故大司樂云大喪臨廞樂器注云臨笙師鎛師之屬是也

鎛師掌金奏之鼓謂主擊晉鼓以奏其鍾鎛也然則擊鎛者亦視瞭○（疏）鎛師至之鼓○釋曰鎛師不自擊鎛使視瞭擊之但擊金奏之鼓耳○注謂主至視瞭○釋曰知金奏之鼓謂主擊晉鼓者鼓人職云以晉鼓鼓金奏故知之也金奏謂奏金金即鍾鎛鍾鎛以金爲之故言金云然則擊鎛者亦視瞭者按視瞭直云樂作擊編鍾不言鎛鎛與鍾同類大小異耳既擊鍾明亦擊鎛故云亦視瞭也凡祭祀鼓其金奏之樂饗食賓射亦如之軍大獻則鼓其愷樂凡軍之夜三鼜皆鼓之守鼜亦如之守鼜備守鼓也鼓之以鼖鼓杜子春云一夜三擊備守鼜也春秋傳所謂賓將趨者音聲相似○鼜扶云反趨左傳作棷莊九

反杜注〔疏〕凡祭至如之○釋曰云鼓其金奏之樂者金奏之樂者即八音是也亦以晉鼓鼓之饗食謂饗云行夜食來朝諸侯賓射亦謂與來朝諸侯射於朝皆鼓其金奏之鼓也軍大獻謂獻捷於祖作愷歌亦以晉鼓鼓之云凡軍之夜三鼜皆鼓之守鼜亦如之者亦鼓之也○注守鼜至相似○釋曰鄭知用鼖鼓者鼓人職云鼖鼓鼓軍事此並軍事故知用鼖鼓也子春云一夜三擊備守鼜也者鼓人注引司馬法云昏鼓四通爲大鼜夜半三通爲晨戒旦明五通爲發昫是一夜三擊備守鼜也春秋傳者昭二十年衞侯如死鳥齊侯使公孫青聘衞賓將掫注云掫謂行夜子春云賓將趨讀人音異云音聲相似者趨與鼜音聲相似皆是夜戒守也

大喪廞其樂器奉而藏之〔疏〕大喪至藏之○釋曰此官所廞謂作晉鼓鼖鼓而已以其當職所擊者也

韎師掌教韎樂祭祀則帥其屬而舞之舞之以東夷之舞〔疏〕注舞之至之舞○釋曰知舞之以東夷之舞者以其專主夷樂則東夷之樂曰韎是也凡舞夷樂皆門外爲之

大饗亦如之

旄人掌教舞散樂舞夷樂散樂野人爲樂之善者若今黃門倡矣自有舞夷樂四夷之樂亦皆有聲歌及舞（疏）旄人至夷樂○釋曰云掌教舞散樂舞夷樂者旄人教夷樂而不掌鞮鞻氏掌四夷之樂而不教二職互相統耳但旄人加以教散樂鞮鞻氏不掌之也○注散樂至及舞○釋曰云散樂人爲樂之善者以其不在官之員內謂之爲散故以爲野人爲樂善者也云若今黃門倡矣者漢倡優之人亦非官樂之內故舉以爲說也云夷樂四夷之樂者即孝經緯云東夷之樂曰韎南夷之樂曰任西夷之樂曰株離北夷之樂曰禁知亦皆有聲歌及舞者此經有舞下鞮鞻氏云掌四夷之樂爲其聲歌是也○凡四方之以舞仕者屬焉（疏）凡四至屬焉○釋曰云凡四方之以舞仕者屬焉者此即野人能舞者屬旄人選舞人當於中取之故也凡祭祀賓客舞其燕樂（疏）凡祭至燕樂○釋曰賓客亦謂饗燕時舞其燕樂謂作燕樂時使四方舞士舞之以夷樂

籥師掌教國子舞羽歗籥文舞有持羽吹籥者所謂籥舞也文王世子曰

秋冬學羽籥詩云左手執籥右手秉翟【疏】注文舞至秉翟○釋曰此籥師掌文舞故教羽籥若武舞則教干戚也故云文舞有持羽吹籥者也云所謂籥舞也者所謂詩頌籥舞笙鼓彼亦文舞也文王世子曰秋冬學羽籥彼對春夏學干戈陽時學之法陽動秋冬學羽籥陰時學之法陰靜詩云左手執籥右手秉翟者邶風簡兮之篇引此二文者證皆文舞所執之器也此官所教當樂師教小舞互相足故文王世子云小樂正學干大胥贊之籥師學戈籥師丞贊之注云四人皆樂官之屬也通職秋冬亦學以羽籥小樂正樂師也○

祭祀則鼓羽籥之舞

鼓之者恒爲之節○【疏】注鼓之至之節○釋曰祭祀先作樂下神及合樂之時則使國子舞鼓動以羽籥之舞與樂節相應使不相奪倫故鄭云鼓之者恒爲之節○

賓客饗食則亦如之

【疏】賓客至如之○釋曰亦鼓之以羽籥之舞與祭祀同以其俱在廟故樂亦同也

大喪廞其樂器奉而藏之

【疏】大喪至藏之○釋曰此所廞作惟羽籥而已不作餘器

籥章掌土鼓豳籥

杜子春云土鼓以瓦爲匡以革爲兩面可擊也鄭司農云豳籥豳國

之地竹豳詩亦如之玄謂豳籥豳人吹籥之聲章明堂位曰土鼓蒯桴葦籥伊耆氏之樂○豳彼貧反注邠同蒯苦對反劉苦懷反桴音孚者又作帆皆音者【疏】注杜子至之樂○釋曰子春云土鼓以瓦爲匡以革爲兩面可擊也後鄭不從者土鼓因於中古神農之器黃帝已前未有瓦器故不從也先鄭云豳籥豳國之地竹豳詩亦如之後鄭不從者按下文吹豳詩吹豳雅吹豳頌更不見豳籥則是籥中吹豳詩及雅頌謂之豳籥何得有豳國之地竹乎若用豳國之地竹當云之籥故後鄭云豳人吹籥之聲章云豳人吹籥其義難明謂作豳人吹籥之聲章商祝夏祝之類聲章即下文豳詩之等是也明堂位曰土鼓蒯桴葦籥伊耆氏之樂者鄭注禮運云土鼓築土爲鼓也蒯桴桴謂擊鼓之物以土塊爲桴引之者破子春土鼓用瓦

中春晝擊土鼓龡豳詩以逆暑

豳詩豳風七月也吹之者以籥爲之聲七月言寒暑之事迎氣歌其類也此風也而言詩詩摠名也迎暑以晝求諸陽○中音仲下同【疏】中春至逆暑○釋曰中春二月也言迎暑者謂中春晝夜等已後漸暄故預迎之耳○注豳詩至諸陽○釋曰鄭知吹之者以籥爲之聲者以發首云掌土鼓豳籥故知詩與雅頌皆用籥吹之也云七月言寒暑之事者七

月云一之日觱發二之日栗烈七月流火之詩是寒暑之事云迎氣歌其類也者解經吹豳詩逆暑及下迎寒皆當歌此寒暑之詩也云此風也而言詩詩摠名也者對下有雅有頌即此是風而言詩詩摠名含豳風矣故云詩不言風也云迎暑以晝求諸陽者對下迎寒以夜求諸陰也

中秋夜迎寒亦如之 迎寒以夜求諸陰

〔疏〕中秋至如之○釋曰言亦如之亦當擊土鼓歙豳詩也

凡國祈年于田祖龡豳雅擊土鼓以樂田畯 祈年祈豐年也田祖始耕田者謂神農也豳雅亦七月也七月又有于耜舉趾饁彼南畝之事是亦歌其類謂之雅者以其言男女之正鄭司農云田畯古之先教田者爾雅曰畯農夫也○樂音洛畯音俊饁于輒反劉于法反

〔疏〕凡國至田畯○釋曰此祈年於田祖并上迎暑迎寒並不言有祀事既告神當有祀事可知但以告祭非常故不言之耳若有禮物不過如祭法埋少牢之類耳此田祖與田畯所祈當同日但位別禮殊樂則同故連言之也○注祈年至夫也○釋曰祈年祈豐年也者義取小祝求豐年俱是求甘雨使年豐故引彼解此也云田祖始耕田者謂神農也者此即郊特牲云先嗇一也故甫田詩云琴瑟擊鼓以御田祖

以祈甘雨以介我稷黍毛云田祖先嗇者也七月又有于耜
舉趾饁彼南畝之事亦是歌其類者按彼七月云三之日于
耜四之日舉趾同我婦子饁彼南畝田畯至喜並在寒暑
之下彼爲風此爲雅者也云謂之雅者以其言男女之正者
先王之業以農爲本是男女之正故名雅也司農云田畯古
之先教田者此即月令命田舍東郊鄭云田謂田畯是也爾
雅曰畯農夫也者
其教農故號農夫

以國祭蜡則龡豳頌擊土鼓以息老物

故書蜡爲蠟杜子春云蠟當爲蜡郊特牲曰天子
大蜡八伊耆氏始爲蜡歲十二月而合聚萬物而
索饗之也蜡之祭也主先嗇而祭司嗇也黃衣黃冠而祭息
田夫也旣蜡而收民息已玄謂十二月建亥之月也求萬物
而祭之者萬物助天成歲事至此爲其老而勞乃祀而老息
之於是國亦養老焉月令孟冬勞農以休息之是也豳頌亦
七月也七月又有穫稻作酒躋彼公堂稱彼兕觥萬壽無疆
之事是亦歌其類也謂之頌者以其言歲終人功之成○索
色白反爲于僞反勞戶報反穫
戶郭反躋子兮反疆居良反○
〔疏〕國祭至老物○釋曰此
爲蜡直擊土鼓按明堂
位云土鼓蕢籥伊耆氏之樂即此各有蕢籥可知言以息老
物者謂息田夫萬物也○注故書至之成○釋曰子春引郊

特牲後鄭從之增成其義耳故還引郊特牲而解之云求萬物而祭之者即合聚萬物而索饗之是也云乃祀而老息之者老即老物蜡祭是也息之者即息田夫臘祭宗廟是也云於是國亦養老焉者即所引月令孟冬勞農以休息之是也云豳頌亦七月也七月又有穫稻作酒等至之事是亦歌其類也者其類謂穫稻已下是也云謂之類者以其言歲終人功之成者凡言頌者頌美成功之事故於七月風詩之中亦有雅頌也鄭注郊特牲云歲十二月周之正數故此鄭云建亥解之知非夏十二月者以其建亥萬物成故月令祈來年及臘先祖之等皆在孟冬月是十二月據周於夏爲建亥十月也

鞮鞻氏掌四夷之樂與其聲歌四夷之樂東方曰韎南方曰任西方曰株離北方曰禁詩云以雅以南是也王者必作四夷之樂一天下也言與其聲歌則云樂者主於舞○任音壬下同○疏注四夷至於舞○釋曰四夷樂名出於孝經緯鉤命決故彼云東夷之樂曰韎持矛助時生南夷之樂曰任持弓助時養西夷之樂曰侏離持鉞助時殺北夷之樂曰禁持楯助時藏皆於四門之外右辟是也按明堂位亦有東

夷之樂曰韎南夷之樂曰任又按虞傳云陽伯之樂舞侏離則東夷之樂亦名侏離者東夷樂有二名亦名侏離鄭注云侏離舞曲名言象萬物生株離若詩云彼黍離離是物生亦曰離云王者必作四夷之樂一天下也者按白虎通云王者制夷狄樂不制夷狄禮者所以拘中國不制禮恐夷人不能隨中國禮故也四夷之樂雖謂舞使國之人也云與其聲歌則云樂者主於舞者凡樂止有聲歌及舞既下別云聲歌明上云樂主於舞可知也按月令仲春云命樂正入學習樂注云歌與八音知非舞以其下季春云大合祭。明所合多故知非直舞而有歌與八音也。

祭祀則龡而歌之燕亦如之吹之以管籥為之聲　疏注吹之至之聲。釋曰知吹之以管籥為之聲者以其歌者在上管籥在下既言吹之用氣明據管籥為之聲可知是以笙師教吹管籥之等

典庸器掌藏樂器庸器庸器伐國所藏之器若崇鼎貫鼎及以其兵物所鑄銘也　疏注庸器至銘也。釋曰庸功也言功器者伐國所獲之器也云若崇鼎貫鼎者明堂位文云及以其兵物所鑄銘也者謂左氏傳季氏以所得齊之兵作林鍾而銘魯功是經中樂器也彼既譏其非時征伐又籍晉之功引之取

一邊證鑄作銘功之事耳**及祭祀帥其屬而設筍虡陳庸器**設筍虡視瞭當以縣樂器焉陳功器以華國也杜子春云筍讀爲博選之選橫者爲筍從者爲鐻○選胥袞反從子容反鐻音距舊本作此字今或作虡（疏）注設筍至爲鐻○釋曰鄭知此設筍虡視瞭當以縣樂器焉者按視瞭職云掌大師之縣此直云設筍虡明是視瞭縣之可知子春云筍讀爲博選之選者此當俗讀當時語者有博選之言故讀從之也○**饗食賓射亦如之大喪廞筍虡**廞興也興謂作之○（疏）注廞興至作之○釋曰按檀弓有鍾磬而無筍虡鄭注云不縣之彼鄭注見此文有筍虡明有而不縣以喪事略故也○**司干掌舞器**舞器羽籥之屬（疏）注舞器羽籥之屬○釋曰鄭知司干所掌舞器是羽籥以其文武之舞所執有異則二者之器皆司干掌之言司干者周尚武故以干爲職首其籥師教而不掌若然干與戈相配不言戈者下文云祭祀授舞器則所授者受干與羽籥也按司戈盾亦云祭祀授旅賁殳故主戈盾受舞者兵云舞者兵惟謂戈其干亦於此官受之司兵云祭祀授舞者兵鄭注云受以朱干玉戚謂受大武之舞與此受小舞干戈別也**祭**

祀舞者旣陳則授舞器旣舞則受之既已也受取藏之。

賓饗亦如之大喪廞舞器及葬奉而藏之

疏大喪至藏之。○釋曰此官云干盾及羽籥及其所廞廞干盾而已其羽籥籥師廞之故其職云大喪廞其樂器及葬奉而藏之其視瞭所廞者謂鼓與磬鍾師不云廞則鍾亦視瞭廞之如是瞽矇及大師小師皆不云廞者以其無目其瞽矇所云柷敔塤簫管及琴瑟皆當視瞭廞之不云奉而藏之文不具笙師云等笙已下則笙師自廞之故其職云廞藏鎛師云。擊晉鼓則晉鼓鎛師廞之其兵舞所廞入五兵中故司兵云大喪廞五兵凡廞樂器皆大司樂臨之故其職云大喪臨廞樂器典同不云廞者以其律呂與鍾器等爲制度不掌成器故不云廞韎師旄人鞮鞻氏等不云廞者死後無一天下之事故不云廞也典庸器不云廞者以其庸器非常故不廞也以其樂師非一故諸官各廞不同

大卜掌三兆之灋一曰玉兆二曰瓦兆三曰原兆兆者灼龜發於火其形可占者其象似玉瓦原之璺罅是用名之焉上古以來作其法可用者有三原原田也

杜子春云玉兆帝顓頊之兆瓦兆帝堯之兆原兆有周之兆○兆亦作𠧞音兆璺許覲反沈依聶氏音問云依字作璺璺玉之圻也龜兆文似之占人注同○疏大卜至原兆○釋曰大卜所掌先三兆後三易次三夢者筮短龜長夢以叶卜筮故以先後爲次○注兆者至之兆○釋曰云兆者灼龜發於火者此依下文華氏云凡卜以明火爇燋遂吹其焌契是以火灼龜其兆發於火也云其形可占者則占人云君占體大夫占色之等彼不云占玉瓦原體色中含之是其形可占也云象似玉瓦原之璺罅謂破而不相離也謂似玉瓦原之破裂或解以爲玉瓦原之色云是用名之焉者謂用是似玉瓦原名之爲玉兆瓦兆原兆也云上古以來其作法可用者有三者但卜筮是先聖王之所作蓋伏犧時已有其時未有玉瓦原之名至顓頊以來始有此名故云然也云原原田也者謂若左氏僖二十八年傳云原田每每以其原與原田字同故爲此傳解也子春云玉兆帝顓頊之兆瓦兆帝堯之兆原兆有周之兆者趙商問此并問下文子春云連山宓戲歸藏黃帝今當從此說以不敢問杜子春何由知之鄭荅云此數者非無明文改之無據故著子春說而已近師皆以爲夏殷周鄭既爲此說故易贊云夏曰連山殷曰歸藏又注禮運云其書存者有歸藏如是玉兆爲夏瓦兆爲殷可知

是皆從近師之說也按今歸藏坤開筮帝堯降二女爲舜妃又見節卦云殷王其國常毋谷若然依子春之說歸藏黄帝得有帝堯及殷王之事者蓋子春之意宓戲黄帝造其名夏殷因其名以作易故鄭云改之無據是以皇甫謐記亦云夏人因炎帝曰連山殷人因黄帝曰歸藏雖炎帝與子春黄帝不同是亦相因之義也

其經兆之體皆百有二十其頌皆千有二百

頌謂繇也三法體繇之數同其名占異耳百二十每體十繇體有五色又重之以墨坼也五色者洪範所謂曰雨曰濟曰圛曰蟊曰尅。繇直又反下同重直用反坼勑白反濟節細反又才禮反圛音亦蟊音蒙劉莫溝反沈音謀。

疏 其經至二百。釋曰云經兆者謂龜之正經云體者謂龜之金木水火土五兆之體云經兆之體名體爲經也云皆百有二十者三代皆同百有二十若經卦皆八然也若然龜兆有五而爲百二十者則兆別分爲二十四分云其頌千有二百者每體十繇故千二百也。注頌謂至曰尅。釋曰云頌謂繇者繇之說兆若易之說卦故名占兆之書曰繇云三法體繇之數同者上云三代兆有異此云皆百有二十皆千有二百故云體繇之數同也云其名占異者上云玉瓦原是名異其云占異者三代占兆無文異否不可知但三易名異占亦異則三兆名異占亦異可知故鄭云名占異也云百二十每體十繇也者鄭欲解體百有二十而繇有千二百之意體既有百二十每體十繇則得千有二百也云體有五色又重之以墨坼也者按占人云君占體大夫占色史占墨卜人占坼彼注云體兆象色兆氣墨兆廣坼兆璺若然體色墨坼各不同今鄭云體有五色又重之以墨坼則四者皆相因而有也何者以其有五行兆體體中有五色既有體色則因之以兆廣狹爲墨又因墨之廣狹支分小璺爲坼是皆相因之事也今每體有十繇其體有五色曰雨曰濟之等其色統得體每色皆有墨坼則五色中各有五墨坼合得五色不復別云五色似若八卦卦別重得七通本爲八卦摠云八八六十四卦不復別云八卦以其六十四卦合有八卦故也云洪範所謂曰雨曰濟曰圛曰蟊曰尅者彼鄭注云曰雨者兆之體氣如雨氣然曰濟者兆之光明如雨止曰蟊者氣不澤鬱冥也曰圛者色澤者曰尅者氣色相犯入此鄭義若孔注則云有似雨者有似雨止者蟊謂陰闇圛氣落驛不連屬尅兆相交錯與鄭異也。

掌三易之灋一曰連山二曰歸藏三曰周易

易者揲蓍變易之數可占者也名曰連山似山出内氣變也歸藏者萬物莫不歸而

藏於其中杜子春云連山宓戲歸藏黃帝。揲時設反劉音舌宓音伏戲本又作虧音羲

疏注易者至黃帝。釋曰云易者揲蓍變易之數可占者也者按易繫辭云分而爲二以象兩掛一以象三揲之以四以象四時歸奇於扐以象閏此是揲蓍變易之數可占者也就易文卦畫七八爻稱九六用四十九蓍三多爲交錢六爲老陰也三少爲重錢九爲老陽也兩多一少爲單錢七爲少陽也兩少一多。八爲少陰也夏殷易以七八不變爲占周易以九六變者爲占按襄九年左傳云穆姜薨於東宮始往而筮之遇艮之八注云爻在初六九三六四六五上九惟六二不變連山歸藏之占以不變者爲正但周易占九六而云遇艮之八是據夏殷不變爲占之事云名曰連山似山出內氣也者此連山易其卦以純艮爲首艮爲山山上山下是名連山雲氣出內於山故名易爲連山歸藏者萬物莫不歸而藏於其中者此歸藏易以純坤爲首坤爲地故萬物莫不歸而藏於中故名爲歸藏也鄭雖不解周易其名周易者連山歸藏皆不言地號以義名易則周非地號以周易以純乾爲首乾爲天天能周帀於四時故名易爲周也必以三者爲首者取三正三統之義故律歷志云黃鍾爲天統黃鍾子爲天正林鍾爲地統未之衝丑故爲地正大簇爲人統寅爲人正周以十一月爲正天統故以

乾爲天首殷以十二月爲正地統故以坤爲首夏以十三月爲正人統人無爲卦首之理艮漸正月故以艮爲首也杜子春云連山宓戲歸藏黄帝者鄭志苔趙商云非無明文改之無據且從子春近師皆以爲夏殷也。**其經卦皆八其別皆六十有四**三易卦別之數亦同其名占異也每卦八別者重之數。重直龍反

【疏】其經至有四。釋曰云經卦皆八者謂以卦爲經即周易上經下經是也皆八者連山歸藏周易皆以八卦乾坤震巽坎離艮兌爲本其別六十四鄭云謂重之數通本相乘數之爲六十四也。注三易至之數。釋曰云三易卦別之數亦同者三代易之卦皆八而別皆六十四亦如上三兆體別之數故云亦同云其名占異也者其名謂連山歸藏周易是名異也占異者謂連山歸藏占七八周易占九六是占異也云每卦八別者重之數者據周易以八卦爲本是八卦重之則得六十四何者伏犧本畫八卦直有三爻法天地人後以重之重之法先以乾之三爻爲下體上加乾之三爻爲純乾卦又以乾爲下體以坤之三爻加之爲泰卦又以乾爲本上加震之三爻於上爲大壯卦又以乾爲本上加巽於上爲小畜卦又以乾爲本上加坎卦於上爲需卦又以乾爲本上加離卦於上爲大有卦又以乾爲本上加艮於

上爲大畜卦又以乾爲本加兑卦於上爲夬卦此是乾之一重得七爲八又以坤之三爻爲本上加坤爲純卦又以坤爲本上加乾爲否卦又以坤爲本上加震爲豫卦又以坤爲本上加巽爲觀卦又以坤爲本上加坎爲比卦又以坤爲本上加離爲晉卦又以坤爲本上加艮爲剥卦又以坤爲本上加兑爲萃卦是以通本爲八卦也自震巽坎離艮兑其法皆如此則爲八八六十四故鄭云别者重之數後鄭專以爲伏犧畫八卦神農重之諸家以爲伏犧畫八卦還自重之○掌

三夢之灋一曰致夢二曰觭夢三曰咸陟夢者人精神所寤可占者致夢言夢之所至夏后氏作焉咸皆也陟之言得也讀如王德翟人之德言夢之皆得周人作焉杜子春云觭讀爲奇偉之奇其字當直爲奇玄謂觭讀如諸戎掎之掎掎亦得也亦言夢之所得殷人作焉○薵音夢本多作夢觭居綺反注掎同又紀宜反杜其宜反陟如字或音得○〔疏〕注夢者至作焉○釋曰云夢者人精神所寤可占者謂人之寐形魄不動而精神寤見覺而占之故云精神所寤可占者也云致夢言夢之所至者馴致爲至故云夢之所至也云夏后氏作焉者上文三兆三易有子春所解且從子春至於餘文正解即從近師所説此三夢子春等不説故即從

近師爲夏殷周也云讀如王德翟人之德者按僖二十四年左傳云王德翟人以其女爲后德亦爲得義故讀從之故杜子春讀觭爲奇偉之奇讀從家語玄謂觭讀如諸戎掎之掎掎亦得也者按襄十四年左傳云戎子駒支曰秦師不復我諸戎實然譬如捕鹿晉人角之諸戎掎之是掎爲得也○**其經運十其別九十**運或爲緷當爲煇是視祲所掌十煇也王者於天日也夜有夢則晝視日旁之氣以占其吉凶凡所占者十煇每煇九變此術今亡○緷胡本反字林云大束也說文音運云緯也聶音徽煇音運祲子鴆反

【疏】注運或至今亡○釋曰運或作緷者此經運一部周禮或作緷字並不從故云當爲煇讀從視祲十煇之煇故引視祲所掌十煇爲證也云王者於天日也夜有夢則晝視日旁之氣以占其吉凶者此按占夢云以日月星辰占六夢之吉凶注引趙簡子夜夢日而日食史墨占之又視祲有十煇之法五曰闇先鄭云謂日月食餘九煇皆日旁氣故以日旁氣解之云凡所占者十煇每煇九變者此類上三兆三易皆有頌別之數此經煇十其別有九十以義言之明一煇九變故爲九十解之云此術今亡者數見十煇爲九十變此術今亡未知其義耳○**以邦事作龜之八命一曰征二**

曰象三曰與四曰謀五曰果六曰至七曰雨八曰瘳國之大事待蓍龜而決者有八定作其辭於將卜以命龜也鄭司農云征謂征伐人也象謂災變雲物如衆赤鳥之屬有所象似易曰天垂象見吉凶春秋傳曰天事恒象皆是也與謂予人物也謀謂謀議也果謂事成與不也至謂至不也雨謂雨不也瘳謂疾瘳不也玄謂征亦云行巡守也象謂有所造立也易曰以制器者尚其象與謂所與共事也果謂以勇決爲之若吳伐楚楚司馬子魚卜戰令龜曰鮒也以其屬死之楚師繼之尚大克之吉是也○瘳勑留反命龜亦作令菑音災見賢遍反鮒音附左傳作魴

疏 以邦至曰瘳○釋曰云以邦事者謂國家有大事須卜故特作龜而命之其事有八○注國之至是也○釋曰云國之大事待蓍龜而決者有八者謂此八者皆大事除此八者即小事入於九筮也若然大事卜小事筮此既大事而兼言筮者凡大事皆先筮而後卜故兼言蓍也云定作其辭於將卜以命龜也者凡命龜辭大夫已上有三命筮辭有二士命龜辭有二命筮辭一知者按士喪禮命筮者命曰哀子某爲其父某甫筮宅度茲幽宅兆基無有後艱筮人許諾不述命注云既命而申之曰述不述者士禮略凡筮因會命筮爲

述命及卜葬日云涖卜命曰哀子某來日某卜葬其父某甫考降無有近悔許諾不述命還即席乃西面坐命龜注云不述命亦士禮略凡卜述命命龜異龜重威儀多也命筮云不述下無西面命筮明命共述命作一辭不述命則其所命龜筮辭兼在其中故曰因命也卜云不述命猶有西面命龜則知命龜與述命異故曰述命命龜異龜重威儀多是士禮命龜辭有二命筮辭有一之事大夫已上命筮辭有二命龜辭有三者按少牢云史執筴受命於主人曰孝孫某來日丁亥用薦事於皇祖伯某以某妃配某氏尚饗史曰諾又述命曰假爾大筮有常孝子某以下與前同以其述命述前辭以命筮冠述命首大夫筮既得述命即卜亦得述命也是知大夫以上命龜有三命筮有二也先鄭云征謂征伐人也後鄭從之云象謂災變雲物如衆赤鳥之屬有所象似者按哀六年楚子卒是歲有雲如衆赤鳥夾日以飛三日使問諸周大史史曰其當王身乎若禜之可移令尹司馬是赤鳥之事云易曰天垂象見吉凶春秋傳曰天事恒象者昭十七年冬有星孛於大辰西及漢申須曰彗所以除舊布新也天事恒象是也此所解後鄭不從之與謂予人物後鄭亦不從云謀謂謀議後鄭從之果謂事成與不後鄭亦不從云至謂至不也雨謂雨不也瘳謂疾瘳不也此後鄭皆從也玄謂征亦云行巡

守也者增成先鄭義知征兼有巡守者左氏傳鄭良霄云先王卜征五年歲襲其祥是征亦得爲巡狩之事也云易曰以制器者尚其象者上繫辭文注云此者存於器象可得而用一切器物及造立皆是云與謂所與共事不從先鄭予人物者與物情義可知不須卜與人共事得失不可知故須卜也云果謂以勇決爲之若吳伐楚者昭十七年吳人伐楚陽匄爲令尹卜戰不吉司馬子魚曰我得上流何故不吉且楚故司馬令龜我請改卜令曰鮒也以其屬死之楚師繼之尚大克之吉戰于長岸子魚先死楚師繼之大敗吳師是果決之事也○**以八命者贊三兆三易三夢之占以觀國家之吉凶以詔救政**鄭司農云以此八事命卜筮蓍龜參之以夢故曰以八命者贊三兆三易三夢之占春秋傳曰筮襲於夢武王所用玄謂贊佐也詔告也非徒占其事吉則爲否則止又佐明其繇之占演其意以視國家餘事之吉凶凶則告王救其政○演以善反○〔疏〕以八至救政○釋曰云以八命者贊三兆三易三夢之占者以上文八事命龜之辭贊佐也佐明三兆三易三夢之占辭將此辭演出其意以觀國家之吉凶詔告也凶則告凶救其政使王改過自新○注鄭司至其政○釋曰

先鄭云以此八事命卜筮蓍龜參之以夢者先筮後卜聖人有大事必夢故又參之以夢云故曰以八命者贊三兆三易三夢之占者此先鄭不釋贊意後鄭增成其義云春秋傳曰筮襲於夢武王所用者按昭七年左傳云衛靈公之立成子以周易筮之遇屯之比以示史朝史朝曰元亨又何疑焉又云筮襲於夢武王所用也弗從何爲外傳曰大誓曰朕夢協朕卜襲於休祥戎商必克此外內傳相包乃具引之者證夢與卜筮相參也玄謂非徒占其事吉則爲否則止者此解以八命龜之常事也云又佐明其繇之占演其意以視國家餘事之吉凶者以釋八命者贊三兆三易三夢之占以觀國家之吉凶也○

凡國大貞卜立君卜大封則眡高作龜

卜立君君無冢適卜可立者卜大封謂竟界侵削卜以兵征之若魯昭元年秋叔弓帥師疆鄆田是也視高以龜骨高者可灼處示宗伯也大事宗伯涖卜卜用龜之腹骨骨近足者其部高鄭司農云貞問也國有大疑問於蓍龜作龜謂鑿龜令可爇也玄謂貞之爲問問於正者必先正之乃從問焉易曰師貞丈人吉作龜謂以火灼之以作其兆也春灼後左夏灼前左秋灼前右冬灼後右士喪禮曰宗人受卜人龜示高涖卜受視反之又曰卜人坐作龜○視音示下同適丁歷反

竟音境疆居良反鄖音運近附近之近令力呈反蓺人悅反。疏凡國至作龜。釋曰言貞正也凡國家有大事正問於龜之事有二則有二則卜立君卜大封是也云則眡高作龜者凡卜法在禰廟廟門閾外閾西南北面有席先陳龜於廟門外之西塾上又有貞龜貞龜謂正龜於閾外席上又有涖卜命龜眡高作龜六節尊者宜逸卑者宜勞從下向上差之作龜眡高二者勞事以大貞事大故大卜身爲勞事則大宗伯臨卜其餘陳龜貞龜皆小宗伯爲之也。注卜立至作龜。釋曰鄭云君無冢適卜可立者若然君無冢適則有卜法按昭二十六年王后無適則擇立長年鈞以德德鈞以卜王不立愛公卿無私古之制也休以爲長春秋之義三代異建適媵別貴賤有姪娣以廣親疏立適以長不以賢立子以貴不以長王后無適明尊之敬之義無所卜筮不以賢者人狀難別嫌有所私故絕其怨望防其覬覦今如左氏言云年鈞以德德鈞以卜君之所賢人必從之豈復有卜隱桓之禍皆由是興乃曰古制不亦謬哉又大夫不世如并爲公卿通計嗣之禮左氏爲短玄箴之曰立適固以長矣無適而立子固以貴矣今言無適則擇立長謂貴均如立長王不得立愛之法年均則會羣臣羣吏萬民而詢之有司以序進而問大衆之中非君所能掩是王不得立變之法也禮有詢立君示義在此距之言謬失春秋與禮之義矣公卿之世立者有功德先王之命有所不犯如是宅中卜立君亦是年均德均也云卜大封謂竟界侵削卜以兵征之若魯昭元年秋叔弓帥師疆鄆田是也按彼莒魯爭鄆故魯叔弓往定其疆界以其出兵故須卜知吉凶也云視高以龜骨高者可灼處示宗伯也者以鄭言示宗伯則示字不得爲視但古字通用以目視物以物示人同爲視也知大事宗伯臨卜者按大宗伯云祀大神享大鬼祭大示帥執事而卜日官尊故知涖卜也云大事宗伯臨則小事不使宗伯故下文云凡小事涖卜是大卜臨之也云卜用龜之腹骨骨近足者其部高者言龜近四足其下腹骨部然而高高處灼之也先鄭云貞問也者謂正意問龜非謂訓貞爲問也云國有大疑問於蓍龜者義取尚書洪範云女則有大疑謀及乃心謀及卜筮是也云作龜謂鑿令可爇也者按下菙氏云凡卜以明火爇燋鑿即灼也故云令可爇也玄謂易曰師貞丈人吉者此師卦辭丈人者嚴莊之辭則法須嚴莊則吉云作龜謂以火灼之以作其兆也者作謂發使豐坼云春灼後左巳下並取義於禮記中庸故彼云國家將興亡見於蓍龜動於四體鄭注云四體龜之四足亦云春占後左夏占前左秋占前右冬占後右彼云占此云灼即灼而占之亦一也云士喪

禮者彼謂卜葬日引之證有示高作龜之事彼云事宗族長尊故云臨卜也○**大祭祀則眡高命龜**命龜告龜以所卜之事不親作龜者大祭祀輕於大貞也士喪禮曰宗人即席西面坐命龜○【疏】大祭至命龜○釋曰云不親作龜者大祭祀輕於大貞也者大貞之內有立君大封大卜作龜不命龜此大祭祀不作龜進使命龜作龜作龜是勞事故云大祭祀輕於大貞也引士喪禮宗人即席西面坐命龜者證天子命龜處所與士禮同

凡小事涖卜代宗伯○【疏】凡小事涖卜○釋曰凡大事卜小事筮若事小當入九筮不合入此大卜大卜云小事者此謂就大事中差小者非謂筮人之小事也小事既大卜涖卜則其餘仍有陳龜已下則陳龜貞龜命龜視高皆卜師爲之其作龜則卜人也大宗伯六命卿小宗伯四命中大夫大卜亦四命下大夫卜師上士卜人中士其大宗伯涖卜大卜視高作龜其中陳龜貞龜命龜皆小宗伯爲之下文大遷大師大卜貞龜貞龜上有涖卜亦大宗伯爲之陳龜亦宜小宗伯也其命龜視高卜師作龜卜人次下云凡旅陳龜則涖卜仍是大宗伯貞龜命龜視高皆卜師亦卜人作龜次下云凡喪事命龜命龜之上有陳龜貞龜亦小宗伯涖卜還是大宗伯視高作龜卜師也○國

大遷大師則貞龜正龜於卜位也士喪禮曰卜人抱龜燋先奠龜西面是也又不親命龜亦大遷大師輕於大祭祀也○燋哉約反〈疏〉國大至貞龜○釋曰正龜於卜位卜位即閾外席上也故引士喪禮爲證也云又不親命龜亦大遷大師輕於大祭祀者以命龜在貞龜後而爲勞故云輕於大祭祀也凡旅陳龜陳龜於饌處也士喪禮曰卜人先奠龜於西塾上南首是也不親貞龜亦以卜旅祭非常輕於大遷大師也○塾音孰舊音育〈疏〉凡旅陳龜○釋曰云陳龜於饌處也者饌處謂在西塾南首故引士喪禮爲證也云亦以卜旅祭非常輕於大遷大師者按大宗伯國有故旅上帝及四望則祀天亦是大祭祀而輕於大遷大師退在下者鄭以旅爲非常祭故也○凡喪事命龜重喪禮次大祭祀也士喪禮則筮宅卜日天子卜葬兆凡大事大卜陳龜貞龜命龜視高其他以差降焉〈疏〉凡喪事命龜○釋曰云重喪禮次大祭祀也者大祭祀大卜非直命龜兼視高此喪事亦命龜與大祭祀同但不兼視高即輕於大祭祀也但以喪事爲終故文退在凡旅下也云士喪禮則筮宅卜日天子卜葬兆者欲見此經天子法卜葬日與士同其宅亦卜之與士異孝經云卜其宅兆亦據大夫以上若士則筮

宅也云凡大事大卜陳龜貞龜命龜視高者據此大卜所掌皆是大事故大卜或陳龜或貞龜或視高雖不言作龜於大貞亦作龜不言之者在其他以差降之中云其他以差降者更有臨卜已下至作龜官之尊卑以次爲之是也按上所解陳龜在前重於命龜而士喪禮卜人卑而陳龜宗人尊而命龜在後者士之官少故所執不依官之尊卑也○

卜師掌開龜之四兆一曰方兆二曰功兆三曰義兆四曰弓兆開開出其占書也經兆百二十體今言四兆者分之爲四部若易之二篇書金縢曰開籥見書是謂與其云方功義弓之名未聞○與音餘○疏卜師至弓兆○釋曰云開開出其占書也者鄭意兆出於龜其體一百二十今云用龜之四兆謂開出其占兆之書分爲四部若易之二篇故引金縢爲證也云開籥見書謂啓匱以籥乃見其書云是謂與者但開出占兆書爲四兆以意言無正文故云是謂與以疑之云其云方功義弓之名未聞者但名此四部爲方功義弓必有其義但無文以言疑事無質故云未聞也

凡卜事眡高示涖卜也疏凡卜事眡高○釋曰按上大卜而言則大貞使大卜眡高今云凡卜眡高者謂大卜不眡

高者皆卜師眡高以龜高處示臨卜也○**揚火以作龜致其墨**揚猶熾也致其墨者孰灼之明其兆〔疏〕揚火至其墨○釋曰致其墨者孰灼之明其兆者按占人注墨兆廣也墨大坼明則逢吉坼稱明墨稱大今鄭云孰灼之明其兆以解墨者彼各偏據一邊而言其實墨大兼明乃可得吉故以明解墨**凡卜辨龜之上下左右陰陽以授命龜者而詔相之**所卜者當各用其龜也大祭祀喪事大卜命龜則大貞小宗伯命龜其他卜師命龜卜人作龜卜人作龜則亦辨龜以授卜師上仰者也下俯者也左左倪也右右倪也陰後弇也陽前弇也詔相告以其辭及威儀○辨如字劉皮勉反倪五計反又五未反弇於撿反○〔疏〕凡卜至相之○釋曰卜師辨此龜上下左右陰陽六種授命龜者據大卜命龜之無定俱是命龜即辨而授之○注所卜至威儀○釋曰云所卜者當各用其龜也者即上下左右陰陽者是也云大祭祀喪事已下皆據大卜而言鄭知大貞小宗伯命龜者以其大貞大卜下大夫視高視高之上有命龜貞龜陳龜小宗伯中大夫尊於大卜卑於大宗伯故知大貞小宗伯命龜也云其他卜師命龜者其他謂凡小事大卜臨卜大遷大師大卜貞龜

凡旅陳龜如此之輩則卜師命龜卜師命龜則卜人作龜卜人灼龜則亦辨龜以授卜師按序官卜人中士八人於此不列其職者以其與卜師同職不見之也云上仰者也者爾雅云仰者謝言此經上即爾雅云仰者也此已下皆據爾雅及下文而言按爾雅云龜俯者靈行頭低仰者謝行頭仰前弇諸果甲前長後弇諸獵甲後長左倪不類行頭左痺右倪不若行頭右痺故鄭據而言焉云詔相告以其辭及威儀者辭謂命龜之辭威儀者謂若士喪禮卜日在廟門外臨卜在門東西面龜在閾外席上西首執事者門西東面行立皆是威儀之事也○

龜人掌六龜之屬各有名物天龜曰靈屬地龜曰繹屬東龜曰果屬西龜曰靁屬南龜曰獵屬北龜曰若屬各以其方之色與其體辨之屬言非一也色謂天龜玄地龜黃東龜青西龜白南龜赤北龜黑龜俯者靈仰者繹前弇果後弇獵左倪靁右倪若是其體也東龜南龜長前後在陽象經也西龜北龜長左右在陰象緯也天龜俯地龜仰東龜前南龜卻西龜左北龜右

各從其耦也杜子春讀果爲贏○繹音亦果魯火反注贏同靁力冐反又如字卻起畧反○疏龜人至辨之○釋曰云各有名物物色也六方之龜各有其名其色各異也○注屬言至爲贏○釋曰云龜俯者靈巳下鄭亦取爾雅云俯者靈此云天龜曰靈屬爲一物但天在上法之故向下低也爾雅云仰者繹此云地龜曰繹同稱故爲一物但地在下法之故向上仰爾雅云前弇果此云東龜曰果同稱果故爲一物但在陽方故甲向前長而前弇也云後弇獵者爾雅云後弇獵此云南龜曰獵故爲一物亦在陽方故甲後長而後弇云左倪靁者爾雅云左倪不類不類即靁一也以其在陰方故不能長前後而頭向左相睥睨然云右倪若者爾雅云右倪不若不若即若也同稱若故爲一物亦在陰方故亦不長前後而頭向右睥睨然云是其體也者體有二法此經體據甲而言古人云君占體體謂兆象與此異也云東龜南龜長前後在陽象經也者據甲而言凡天地之間南北爲經東西爲緯云西龜北龜長左右在陰象緯也者據頭爲說此解稱果獵之意云天龜俯地龜仰東龜前南龜卻西龜左北龜右各從其耦者此鄭解兩兩相對爲長短低仰之意也杜子春讀果爲贏者此龜前甲長後甲短露出邊爲贏露得爲一義故鄭引之在下

凡取龜用秋時攻

龜用春時各以其物入于龜室六龜各異室也秋取龜及萬物成也攻治也治龜骨以春是時乾解不發傷也○解音蟹一音佳買反○〔疏〕注六龜至傷也○釋曰云各以其物入于龜室龜有六室物色也六龜各入於一室以其蓍龜歲易秋取春攻訖即欲易去前龜也

上春釁龜祭祀先卜釁者殺牲以血之神之也鄭司農云祭祀先卜者卜其日與其牲玄謂先卜始用卜筮者言祭言祀尊焉天地之也世本作曰巫咸作筮卜未聞其人也是上春者夏正建寅之月月令孟冬云釁祠龜策相互矣秦以十月建亥爲歲首則月令秦世之書亦或欲以歲首釁龜耳○釁許靳反〔疏〕注釁者至龜耳○釋曰云釁者殺牲以血之神之也者謂若禮記雜記云廟成則釁之廟用羊門夾室用雞之類皆是神之故血之也先鄭云祭祀先卜者卜其日與其牲後鄭不從者以其此官不主卜事故不從也故解先卜始用卜筮者云言祭言祀尊焉天地之也者按大宗伯天稱禋祀地稱血祭是天地稱祭祀今此先卜是人應曰享而云祭祀與天地同稱故云尊焉天地之也云世本作曰巫咸作筮卜未聞其人也者曲禮云卜筮者先聖王之所以信時日其易所作即伏犧爲之矣但未有揲蓍之法至巫

咸乃教人爲之故巫咸得作筮之名未聞其源世本又不言其人故云未聞其人也云是上春者夏正建寅之月月令孟冬云釁祠龜策相互矣者然周與秦各二時釁龜筴月令孟冬釁則周孟冬亦釁之周以建寅上春釁秦亦建寅上春釁之故云相互也云秦以十月建亥爲歲首則月令秦世之書亦或欲以歲首釁龜耳若據此注則周秦各一時釁此鄭兩解按月令注云周禮龜人上春釁龜謂建寅之月秦以其歲首使大史釁龜筴與周異矣彼注與此後注義同也

若有祭祀則奉龜以往奉猶送也送之所當於卜〔疏〕若有至以往○釋曰此云祭事不辨外內則外內俱當卜皆奉龜以往所當卜處

旅亦如之喪亦如之〔疏〕旅亦至如之○釋曰旅謂祈禱天地及山川喪謂卜葬宅及日皆亦奉龜往卜處也按爾雅有十龜一曰神龜龜之最神明者二曰靈龜涪陵郡出大龜甲可以卜緣中文似瑇瑁俗呼爲靈龜即今大觜蠵龜也一名靈蠵能鳴也三曰攝龜小龜也腹甲曲折解能自張閉好食蛇江東呼爲陵龜也四曰寶龜也大寶龜也五曰文龜甲有文采者也河圖曰靈龜負書丹甲青文六曰蓍龜常在蓍叢下也七曰山龜八曰澤龜九曰水龜十曰火龜山澤水火皆說生出之處所也火龜猶火

鼠也

菙氏掌共燋契以待卜事杜子春云燋讀爲細目燋之燋或曰如薪樵之樵謂所爇灼龜之木也故謂之樵契謂契龜之鑿也詩云爰始爰謀爰契我龜玄謂士喪禮曰楚焞置于燋在龜東楚焞即契所用灼龜也燋謂炬其存火○菙本又作垂同時髓反燋哉約反李又祖堯反一音哉益反契苦計反劉苦絜反樵在消反焞吐敦反又徒敦反又在悶反又祖悶反一音純本一音祖館反炬其呂反〔疏〕菙氏至卜事○釋曰子春讀燋燋二者皆作俗讀爲柴樵之樵後鄭不從依音爲雀意取莊子爝火之義熒熒然也玄謂士喪禮曰楚焞置于燋在龜東者謂陳龜於西塾上龜南首燋在龜東置楚焞于上言楚焞者謂荊爲楚用之焞龜開兆故云楚焞也

凡卜以明火爇燋遂龡其焌契以授卜師遂役之杜子春云明火以陽燧取火於日焌讀爲英俊之俊書亦或爲俊玄謂焌讀如戈鐏之鐏謂以契柱燋火而吹之也契既然以授卜師用作龜也役之使助之○焌音俊又存悶反又祖悶反李祖館反鐏存悶反劉祖悶反柱張注反〔疏〕凡卜

至役之○釋曰云遂吹其焌契以授卜師者謂若大卜視高巳上則卜師作龜故以焌契授卜師若差次使卜人作龜則授卜人言遂役之者因事曰遂以因授契訖即授卜師所役使也○注杜子至助之○釋曰子春云明火以陽燧取火於日者此秋官司烜氏職文謂將此明火以燒爇燋使然也云焌讀爲英俊之俊者意取荆燋之中英俊者爲楚焞用之灼龜也後鄭讀焌爲戈鐏之鐏者讀從曲禮云進戈者前其鐏意取鋭頭以灼龜也云謂以契柱燋火而吹之也者解經遂吹其焌契謂將此焌契以柱於燋火吹之使熾也○

占人掌占龜以八簭占八頌以八卦占簭之八故以眡吉凶占人亦占筮言掌占龜者筮短龜長主於長者以八筮占八頌謂將卜八事先以筮筮之言頌者同於龜占也以八卦占筮之八故謂八事不卜而徒筮之也其非八事則用九筮占人亦占焉○簭音筮長如字下同疏占人至吉凶○釋曰云占人亦占筮言掌占龜者筮短龜長主於長者占筮即此經云以八筮占八頌又云以八卦占筮之八故並是占筮故首云掌占龜不云占筮故云主於長者也鄭知筮短龜長者按左氏僖四

年傳云初晉獻公欲以驪姬爲夫人卜之不吉筮之吉公從筮卜人曰筮短龜長不如從長是龜長筮短之事龜長者以其龜知一二三四五天地之生數知本易知七八九六之成數知未是以僖十五年傳韓簡云龜象也筮數也物生而後有象象而後有滋滋而後有數故象長數短如易歷三聖而窮理盡性云短者以其易雖窮理盡性仍六經並列龜之繇辭譬若讖緯圖書不見不可測量故爲長短馬融曰云筮史短龜史長者非鄭義也云以八筮占八頌謂將卜八事先以筮筮之者凡大事皆先筮而後卜此八還是上文大事之八也凡筮之卦自用易之爻占之龜之兆用頌辭占之今言八筮占八頌者鄭云同於龜占也以其吉凶是同故占筮之辭亦名頌故云同於龜占龜占則繇辭是也云以八卦占筮之八故謂八事不卜而徒筮之也者此出人君之意此八事即大卜大事之八故令先筮後卜今人君欲得徒筮吉凶占則行之不假更卜故云占筮之八故云非八事則用九筮占人亦占焉者此云九筮即下筮人所云九筮是也知占人亦占焉者以其占人於此占筮明下九筮亦占可知也。

凡卜簭君占體大夫占色史占墨卜人占坼體兆象也色兆氣也墨兆廣也坼兆璺也體有吉凶色有善惡墨有

大小坼有微明尊者視兆象而已卑者以次詳其餘也周公卜武王占之曰體王其無害凡卜象吉色善墨大坼明則逢吉。疏凡卜至占坼。○釋曰此君體已下皆據卜而言而兼○云簭者凡卜皆先簭故連言之云體兆象也者謂金木水火土五種之兆言體言象者謂兆之墨縱橫其形體象以金木水火土也凡卜欲作龜之時灼龜之四足依四時而灼之其兆直上向背者爲木兆直下向足者爲水兆邪向背者爲火兆邪向下者爲金兆橫者爲土兆是兆象也云色兆氣也者就兆中視其色氣似有雨及雨止之等是兆色也墨兆廣也者據兆之正釁處爲兆廣坼兆釁者就正墨旁有奇釁罅者爲兆釁也云體有吉凶色有善惡墨有大小坼有微明者據鄭後云象吉色善墨大坼明則逢吉若然則此四者各舉一邊而言則善與大及明皆是吉惡小及微皆凶也引周公卜武王是尚書金縢彼爲武王有疾不愈恐死周公欲代武王死爲三壇因告大王王季文王以請天未知天之許不故壇所即卜云三龜一習吉啓籥見書乃并是吉周公曰體王其無害引之者證君占體之事也。

凡卜簭既事則繫幣以比其命歲終則計其占之中否杜子春云繫幣者以帛書其占繫之於龜也云

謂既卜筮史必書其命龜之事及兆於策繫其禮神之幣而合藏焉書曰王與大夫盡弁開金縢之書乃得周公所自以爲功代武王之說是命龜書○繫音係比毗志反一音必履反中丁仲反【疏】凡卜至中否○釋曰既事者卜筮事訖卜筮皆有禮神之幣及命龜筮之辭書其辭及兆於簡策之上并繫其幣合藏府庫之中至歲終總計占之中否而句考之○注杜子至龜書○釋曰子春云繫幣者以帛書其占繫之於龜也者後鄭不從云書其命龜之事及兆於策者云既卜筮即筮亦有命筮之辭及卦不言者舉龜重者而略筮不言可知或有筮短龜長直據龜而言其筮則否書曰已下亦金縢文案彼武王崩後周公將攝政遭管蔡流言成王未寤遭雷風之變王與大夫盡弁弁謂爵弁應天變之服以啓金縢之書乃得周公所自以爲功之事也事謂請命之事故云代武王之說是命龜書也引之證比其命藏之事也

簭人掌三易以辨九簭之名一曰連山二曰歸藏三曰周易九簭之名一曰巫更二曰巫咸三曰巫式四曰巫目五曰巫易六曰巫比

七曰巫祠八曰巫參九曰巫環以辨吉凶此九巫讀皆當爲筮字之誤也更謂筮遷都邑也咸猶僉也謂筮衆心歡不也式謂筮制作法式也目謂事衆筮其要所當也易謂民衆不說筮所改易也比謂筮與民和比也祠謂筮牲與日也參謂筮御與右也環謂筮可致師不也○巫音筮比毗志反注同僉七廉反說音悅下同

〔疏〕簭人至吉凶○釋曰此簭人掌三易者若卜用三龜此筮人用三易故云掌三易也○注此九至不也○釋曰鄭破巫爲筮者此筮人掌筮不主巫事故從筮也云更謂筮遷都邑也者此遷都謂公卿大夫之都邑鄭荅趙商若武王遷洛盤庚遷殷之等則卜故大卜有卜大遷之事云咸猶僉也謂筮衆心歡不也者謂國有營建之事恐衆心不齊故筮之也云式謂筮制作法式也者式是法式故知制作法式也云目謂事衆筮其要所當也者是要目之事故論語顔回云請問其目鄭云欲知其要顔回意以禮有三百三千卒難周備故請問其目此云事衆故亦筮其要目所當者也云易謂民衆不說筮所改易者改易之事上既有更爲遷都邑故以此易爲民衆不和說須筮改易政教之事云比謂筮與民和也者比是相親比之事故比卦云建萬國親諸侯故知比爲筮與民和比云祠謂筮牲

其日也者按大卜大祭祀而卜之今此祀不卜而筮者彼大祀用卜此謂小祭祀故用筮也云參謂筮御與右也者云參謂參乘之事故知是御及車右勇力與君爲參乘故筮之也云環謂筮可致師不者此環與環人字同彼環人注致師引宣公十二年楚許伯御樂伯攝叔爲右以致晉師之事明此經筮環亦是主致師以卜之事也趙商問僖十五年秦晉相戰晉卜右慶鄭吉襄二十四年晉致楚師求觀於鄭鄭人卜宛射犬吉皆用卜今此用筮何鄭荅天子具官有常人非一人致筮可使者諸侯患官無常人故臨時卜之也且此云筮是國之大事先筮而後卜曲禮注引春秋獻公卜娶驪姬不吉公曰筮之請明所據又尚書龜從○

凡國之大事先簭而後卜當用卜者先筮之即事有漸也於筮之凶則止不卜

疏 注當用至不卜○釋曰此大事者即大卜之八命及大貞大祭祀之事大卜所掌者皆是大事皆先筮而後卜故鄭云當用卜者先筮之即事漸也者筮輕龜重賤者先即事故卜即事漸也云於筮之凶則止者曲禮云卜筮不相襲若筮不吉而又卜是卜襲筮故於筮凶則止不卜按洪範云龜從筮逆又云龜筮共違於人彼有先卜後筮筮不吉又卜與此經違者彼是箕子所陳用殷法殷質故與此不同○

上春相

簭相謂更選擇其蓍也蓍龜歲易者與○相息亮反注同與音餘（疏）注相謂至者與○釋曰上春謂建寅之月歲之始除舊布新故更選擇其蓍易去其舊者據此則蓍歲易也兼云龜者龜人云攻龜用春時明亦以新易故故知龜亦歲易此龜之歲易者謂龜人天地四時之龜若大寶龜等非常用之龜不歲易凡國事共簭

附釋音周禮注疏卷第二十四

南昌盧氏宣旬校定

大清嘉慶二十一年用文選樓藏本校

知南昌府張敦仁署鄱陽縣候補知州周澍栞

周禮注疏卷二十四挍勘記　阮元撰盧宣旬摘錄

附釋音周禮注疏卷第二十四

磬師

凡祭祀奏縵樂　唐石經岳本嘉靖本同余本閩監毛本凡誤及石經考文提要云宋本九經宋纂圖互注本宋附釋音本余仁仲本皆作凡祭祀

鍾師

金謂鍾及鎛　閩監本鎛誤鏄疏同

納夏　唐石經諸本同釋文作夏納云本或作納夏經義雜記夏納云本或作納夏誤又春秋正義曰定本納夏爲夏納依陸氏之書知舊本是夏納今周禮作納夏非也

齊夏　釋文齊本又作齋按齋俗字○按齊者正字𪗋者假借字

祴夏　余本嘉靖本同釋文唐石經作祴夏字從衣宋人書衣示往往不加區別閩監毛本因作祴矣注及疏幷下笙師同○按祴見說文示部祴宗廟奏祴樂也唐石經從衣乃大誤

金奏肆夏三　浦鏜云夏下脫之

繁遏執傹也　余本岳本同嘉靖本作傹閩監毛本傹改競非下同釋文作執傹云詩作競

渠思文　余本岳本嘉靖本閩本同監毛本文下增也

趨以采茨　閩監毛本茨作薺

周南終麟止　閩監毛本止改趾非此與詩釋文合○按足趾字古作足止止乃正字

鼓讀如莊王鼓之鼓　漢讀考云莊王鼓之見宣十二年公羊傳當云莊王鼓之之鼓今脫一之字

笙師

掌敎龡竽笙塤籥簫篪篴管　余本閩監毛本同唐石經嘉靖本篪作箎爲是

箎七空　余本空作孔下仍作空按當並作孔釋文七空音孔下同經注本作空者據釋文本改也賈疏亦作空

杜子春讀篴爲蕩滌之滌　漢讀考云爲當作如

司農云七孔　上引注作空引廣雅作孔此亦當作空涉上廣雅誤

其端有兩空　閩監毛本空改孔非

鎛師　閩監本鎛誤鏄注及疏同

春秋傳所謂賓將趨者　掌固注引作賓將趣者今左傳作賓將掫說文同禮說云左傳扞掫齊世家作爭趣按趨趣掫皆聲相近

金奏之樂者即八音是也　閩監毛本無者

旦明五通爲發昫 監本昫誤眴

韎師 唐石經諸本同字從末閩本作韎誤○按說文从韋末聲五經文字作韎音末五經文字从末則唐石經从末誤也

旄人

西夷之樂曰株離 閩監毛本株改侏

爲其聲歌是也 浦鏜云與誤爲

籥師

文舞有持羽吹籥者 余本舞誤武

籥章

掌土鼓豳籥 唐石經嘉靖本同閩監毛本豳作豳

豳籥豳國之地竹釋文音經豳籥云注邠同段玉裁取此爲經用古字注用今字之一證今本皆改爲豳矣

伊耆氏之樂釋文耆又作軌阢二皆音耆○按从几聲是从九聲則非余本載音義作阢是也

竝不言有祀事閩監毛本竝改并

田祖先嗇者也浦鏜云也云誤者也

七月又有穫稻作酒躋彼公堂稱彼兕觥萬壽無疆之事閩監毛本同余本嘉靖本穫作穫觥作觵按釋文躋堂子兮反無彼公二字葢陸本作躋堂稱觵萬壽無疆之事注約舉其事非引詩全文也惠校本刪彼公彼兕四字

亦各有葦籥可知浦鏜云各疑合字誤

韎韢氏

南方曰任　釋文曰任音壬葉鈔本作音任則陸本注當作南方曰壬

持弓助時養　浦鏜云羽誤弓從白虎通按○按此等未可肌定爲誤

皆於四門之外有辟是也　閩本同監毛本有作右是也○按右辟猶右邊也如左傳之西辟

陽伯之樂舞株離　閩本同監毛本株作侏下並同

言象萬物生株離　惠挍本生株離作生離根株也

四夷之樂誰謂舞　閩本同監毛本刪謂按謂疑當作爲

以其下季春云大合祭　浦鏜云樂誤祭

典庸器

又籍晉之功　浦鏜云藉誤籍

帥其屬而誅 筍簴唐石經諸本同毛本虡改簴此本及毛本帥誤師

從者爲鐻 釋文爲鐻音距舊本作此字今或作虡按經作虡注作鐻此亦段玉裁經作古字注作今字之證也鐻在漢爲今字

司干

受干與羽籥也 浦鏜云授誤受下並同

鎛師云擊晉鼓 浦鏜云主誤云

大卜

掌三兆之灋 唐石經諸本同釋文作三𠧞云亦作兆按古文經當作𠧞注從今字作兆今本後人援注所改〇謂前說非也經注皆未嘗作𠧞𠧞乃俗字後人所造竄入說文者周禮有作𠧞者俗本耳

其象似玉瓦原之璺罅 余本嘉靖本同閩本璺誤亹監毛本改璺按釋文作璺云依字作釁

則本不作學可知葉鈔釋文𨨏作呼

上古以來作其法可用者有三　賈疏引注作上古以來其作法可用者有三讀亦異

此依下文菙氏云　閩本菙誤華監本誤篳

遂吹其焌契　閩本同監毛本吹改歃

須謂爇也　岳本爇改蓺俗字下同釋文亦作爇

曰蝨曰尅　岳本嘉靖本尅作剋

圛氣落圛不連屬　按落圛當作驛

似山出內氣變也　閩本同余本嘉靖本監毛本無變字臧禮堂云春秋襄九年正義引此注作出內雲氣也今本作氣變誤按賈疏云雲氣出內於山故名易爲連山是賈疏本本作雲氣當據正

連山虙戲　余本嘉靖本閩監毛本作宓戲此本疏中引注亦作宓釋文宓作虙戲本又作犧音羲

三少爲重錢 閩監毛本作單錢當據正此複下

天能周帀於四時 閩監毛本帀誤布

掌三夢之灋 唐石經諸本同釋文作三蕟不成字蓋說文寢字之譌耳寢者正字夢者假借字也

讀如諸戎掎之掎 監本上掎誤荷漢讀考作讀爲諸戎掎之之掎云下云掎亦得也可知鄭之易字矣今本作讀如非

運或爲緷當爲煇 釋文出作緷爲煇四字則上爲當是作

孝子某以下與前同 浦鏜云孫誤子

是征亦得爲巡狩之事也 閩監毛本狩作守

則眂高作龜 釋文作視高非

卜用龜之腹骨 余本嘉靖本同閩監毛本用誤因按賈疏引注亦作用

令可爇也葉鈔釋文爇作爇爲是

正問於龜事有二則有二則監毛本删一有二則閩本上則作其

有娌娣以虞愛疏閩監毛本愛作親

如并爲公卿通計嗣之禮浦鏜云計疑繼字誤

叔弓帥師墥鄆田是也閩監毛本墥改疆下墥界同

如大事宗伯臨下者閩監毛本臨改涖

按下華氏云閩監毛本華誤華

作謂發使豐拆閩本同監毛本豐改釁非

卜師

輕於大遷大師也閩監毛本同余本岳本嘉靖本無也

開開出其占書也　余本不重開字此衍○按據疏亦重開字然余本爲是

今言四兆者　閩監毛本同余本嘉靖本今作此

孰灼之明其兆　浦鏜云埶誤孰疏同從集注校○按浦鏜誤也灼者炙也炙之不熟其兆不明孰者今之熟字爇之訓燒也古皆言灼龜未有言爇龜者

卜人作龜卜人作龜　余本脱一卜人作龜

龜人

左倪靁　此本及閩監毛本靁誤靈今據余本岳本嘉靖本訂正

杜子春讀果爲羸　閩監毛本同誤也余本岳本嘉靖本羸作臝當據正釋文音經果魯火反注臝同

但未有採著之法　浦鏜云揲誤採

亦或欲以歲首釁龜耳若 浦鏜云者誤若

與周異矣 毛本矣改也

六日著龜 浦鏜云筮誤著○按此不誤賈氏所據爲長

常在著叢下也 閩監毛本也改潛伏二字

華氏 唐石經諸本同葉鈔釋文作垂氏云本又作華余本載音義同

燋讀爲細目燋之燋或曰如薪樵之樵 漢讀考云爲當作如細目燋讀同焦其字不當從火轉寫誤也曰如當作讀爲

遂龡其焌契 說文焌然火也从火夋聲周禮曰遂籥其焌焌火在前以焞焞龜按今本籥作龡者從炊省也○按說文籥从龠炊聲

以柱於樵火 浦鏜云燋誤樵

占人

占人亦占筮　岳本筮改簭非凡經作簭注作筮

坼兆璺也　余本嘉靖本閩本同監毛本璺改釁非○按璺璺皆俗字釁是正字凡小學必推其源流而後定其是非

凡卜象吉　諸本同浦鏜云體誤象疏同

就正墨旁有奇釁罅者　閩本同監毛本旁改傍

故墠所即卜云　浦鏜云云疑衍

則繫幣　唐石經諸本同釋文作則毄音係○按古文假毄爲係凡作繫者皆後人所改俗字也

簭人

故知其御及車右勇力　閩本同監毛本其改是

求觀於鄭　浦鏜云御誤觀

鄭人卜宛射犬吉　閩本同監毛本犬誤大

周禮注疏卷二十四挍勘記終

南昌袁泰開挍

傳古樓景印